幼儿教师必备基本功丛书

主编　黄娟娟
编者　黄娟娟　兰玉荣　浦月娟　朱　永

YOU'ER JIAOSHI JIAOYU KEYAN ZHINAN

幼儿教师教育科研指南

北京师范大学出版集团
BEIJING NORMAL UNIVERSITY PUBLISHING GROUP
北京师范大学出版社

图书在版编目(CIP)数据

幼儿教师教育科研指南/黄娟娟主编. —北京：北京师范大学出版社，2012.4(2025.1重印)

(幼儿教师必备基本功丛书)

ISBN 978-7-303-14136-4

Ⅰ.①幼… Ⅱ.①黄… Ⅲ.①学前教育－教育研究 Ⅳ.①G61

中国版本图书馆CIP数据核字(2012)第019016号

出版发行：北京师范大学出版社 https://www.bnupg.com
北京市西城区新街口外大街12-3号
邮政编码：100088

印　　刷：北京虎彩文化传播有限公司
经　　销：全国新华书店
开　　本：710 mm×1000 mm　1/16
印　　张：14.25
字　　数：260千字
版　　次：2012年4月第1版
印　　次：2025年1月第6次印刷
定　　价：30.00元

策划编辑：张丽娟　　　责任编辑：谢　影
美术编辑：焦　丽　　　装帧设计：李尘工作室
责任校对：李　菡　　　责任印制：赵　龙

前 言

随着教育教学科研在幼儿园系统的深入开展，广大从事学前教育工作的教师越来越意识到，教育科研已不再是专门从事教育研究的研究人员的专利，而是自己做好教师并不断获得专业发展的一个重要途径。为了帮助教师们能够很好地开展学前教育科学研究，我们针对一线教师的特点，在考虑本书的框架结构及具体内容编排时，力求做到注重实践性、操作性。全书以研究过程为主线，阐述教师如何开展研究，如研究项目的确定、研究资料的收集、研究方法的选择、研究实施计划的制订、研究数据的统计分析、研究结果的分析、研究报告的撰写、研究成果的应用等；针对教师在开展研究中的主要问题，以案例引入，通过对案例的分析，解剖教师在开展教育科研中的主要问题，并进行深入浅出地分析，让教师明了应该怎么开展研究；指导教师研究工作的开展，使得科研和日常教育教学活动自然、有机地联系、融合起来，解决科研和日常教育教学活动分离的状况。

本书共分四章：

第一章主要阐述了学前教育科研的价值和意义，从教师发展、幼儿园发展、园长管理而展开。

第二章主要围绕研究方案的设计而展开，包含了研究方案中的主要内容：研究项目表述、关键概念的梳理界定、分析和利用文献情报资料、研究目标和研究内容的确定、研究方法的选择等。

第三章是根据研究方案如何进行行动研究。首先，制订研究实施计划；其次，设计问卷开展现状调查；再次是利用 SPSS 统计处理软件进行数据的统计处理，既有单变量的描述性统计，又有双变量的推断性统计。在此基础上，介绍如何进行行动研究以及教师欢迎的研究方法，如观察法、案例法等。

第四章主要阐述对研究成果的归纳、提升，包括研究报告的撰写及成果的推广和应用。

本书在内容安排上，体现了提出问题、解决问题的脉络，还有大量的案例作为具体说明。我们期望本书对正在从事或将从事学前教育科研的教师们有所启迪和帮助！

编　者

2011年7月

目 录

第一章　幼儿教育科研的必要性

20 世纪 80 年代初，在我国教育界开展了群众性教育科研工作，幼儿园的园长、教师们也积极开展幼儿教育科研，至今已有近三十个年头了，但还是历久弥新。是什么力量促使幼儿园园长、教师们坚持走科研之路？其中有什么奥秘和益处呢？

在读完本章之后，希望您能找到下面这些问题的答案或受到启示：

☞ 科研对教师专业发展的作用是什么？

☞ 为什么科研是幼儿园特色形成的重要途径？

☞ 科研在幼儿园学习型团队建设中起什么作用？

第一节　提升幼儿教师专业发展

《国家中长期教育改革和发展规划纲要（2010—2020 年）》（以下简称《纲要》）“第十七章　加强教师队伍建设”中提到“努力造就一支师德高尚、业务精湛、结构合理、充满活力的高素质专业化教师队伍”。要达到这样的要求，关键是要提高教师业务水平，促进幼儿教师专业发展。幼儿教师专业发展包括两个方面：一是教学专业发展，二是教育专业发展。要想实现幼儿教师专业发展，只有双管齐下，才能相得益彰。

一、促进幼儿教师教学专业发展

幼儿教师教学专业发展主要包括专业知识、专业能力。幼儿教师不仅要发展教育专业知识，更要发展教育专业能力。就是要不断地将幼儿教育专业知识转化为教育专业能力，将教育专业理论升华为教育专业技能。换句话说，要想教育日臻完善，就必须发展教育专业能力。而幼儿教育科研强调在行动中研究、在研究中行动，它是提高教师教育能力的重要途径之一。通过幼儿教育科研，能提升幼儿教师教育专业发展。

（一）提高教师观察、研读幼儿的能力

为了有效地实施课题研究，教师必须仔细地观察幼儿，解读幼儿行为背后的意义。这样的观察日积月累，就能提高教师观察、研读幼儿的能力。

【案例】 幼儿园在开展“互动式幼儿成长档案袋评价的研究”中，教师采用了专门性观察与随机性观察相结合的方法。在“热热闹闹的马路”这一主题中，教师首先根据近阶段目标“学习与同伴合作”的要求，预设了观察的目标——“能与同伴合作”，并进行了专门的观察，教师观察幼儿在活动中的具体行为表现并对幼儿在这一过程中的行为进行记录，获得了幼儿与别人合作的第一手资料，并加以分析：幼儿是否能与同伴合作？如何合作的？等，从而评价幼儿与同伴合作互动的程度。然后采用随机观察法，事先没有预定目标，而是在过程中捕捉幼儿与同伴合作的情况，从而分析、了解幼儿主动合作的程度等。

中（二）班的幼儿在“各种各样的人”主题中，制作了一个等车的人，为了使人物更逼真，幼儿们选择了拓画的形式：几个人一起制作了一个等车的人，并用自己的方式记录下来。基于幼儿的行为表现，教师进行分析，判断幼儿可能获得并在学习运用的经验：一是从幼儿拓画中，看出幼儿们正在协商分工，他们已经开始在游戏中分别尝试完成各自的任务，体验合作；二是空间概念的运用，知道可以用拓画法，画出一样大小的人物。在活动的分享环节，教师将幼儿的经验由幼儿自己述说，让全体幼儿进行评价，并将过程照片记录和幼儿自己的记录展现在活动室中，为其他幼儿的研究提供参考。

采用观察记录的方法来收集幼儿发展的资料，并进行解读、分析，使教师具备了敏锐的观察记录、分析判断等能力，使教师切入更深地研究幼儿——幼儿是如何学习的、怎样的内容适合幼儿的学习，及时把握住幼儿的思维，教师可以根据研读到的不同幼儿的不同发展水平，从而更好地提供相适应的教育，推动幼儿的发展。

（二）促进教师驾驭活动过程的能力

开展幼儿教育科研，并不是为科研而科研，其真正的目的在于提高教师教育教学的能力，这样才能使幼儿教育科研更有生命力、更受教师们的欢迎。

教师们开展的幼儿教育课题研究，更多是体现在幼儿教育活动中的，这些课题研究，使教师们对活动设计、活动开展思考得更多了。研究课题既有显性的预设，又有隐性的预设，从而使得教师在活动中游刃有余，驾驭活动的能力更强了。

【案例】“阅读活动中积极有效师幼互动促进教师教育行为变化的研究”这一课题，教师们根据每学期的研究重点，分解为具体的研究任务和措施，在设计活动时，将研究任务和措施落实到每一次活动中，具体表现为在活动设计思路、活动方案中体现研究任务和措施。比如，将研究任务“阅读活动中教师适宜提问与应变的研究”“对幼儿的不同回答作有效反馈”等，在每一次语言活动的设计思路和活动方案中得到具体、充分地体现，即教师重视活动前的“预设”过程，备教材、备幼儿、备过程，把准备工作做足，以提高教师内隐的教育设计智慧。

《彩虹色的花》教师课前预设回应：

教师提问	预设幼儿回答	教师回应
今天老师有一幅很美丽的画，想请你们一起来看，好吗？	地上有白雪	冬天天气很冷的时候是会下雪的，你看的很仔细，看见了地上有一层厚厚的积雪
	屋顶上有雪	你的眼睛很尖，连覆盖在屋顶上的白雪也发现了

续表

教师提问	预设幼儿回答	教师回应
你们都看到了什么？	看见了山	是的，远处有连绵不断的雪山
	我看见了太阳	冬天的太阳晒在身上是暖洋洋的
	太阳戴着眼镜	那它一定是一个很酷的太阳
	我看见了树	松树是常绿树，所以在冬天能看见绿绿的松树
	我看见了一朵五颜六色的花	你说的真棒，用了一个成语来形容这朵花
	我看见了一朵七色花	这朵花的花瓣是有许多颜色
	一朵像彩虹色的花	你看得很仔细，发现它和彩虹很像的

经过多年实施回应的灵活性，使教师们在教学现场做到：紧扣教育目标、随机追问话题。追问幼儿理解不清或不准确的话题、追问幼儿从众性的问题、追问幼儿偏离主题的话题等。通过追问的方法帮助幼儿确立思路、归纳想法、大胆想象。

由于教师有充分的预设，因此教师在活动过程中游刃有余。通过几年来坚持不懈的积累，教师们一改过去单一、重复、无法灵活应对的现象，在不同程度上对幼儿不同的问题进行提升与总结，教师的回应能力有了长足的进步，驾驭活动的能力更强了，教育随机性更强了。

二、提升幼儿教师教育专业水平

幼儿教师教育专业发展，主要是指发展专业理想、专业思想、专业品格、专业智慧和专业技能。教育智慧不会凭空产生，不会从天而降，它只能来自先进的教育理论，源于坚实的教育实践，源自先进的教育理论与坚实的教育实践的融合。因此，要想增加幼儿教师的教育专业智慧，那就必须不断地学习先进的教育理论，深入地进行理性的教育思考，不懈地进行坚实的教育实践，及时地进行教育经验的总结，科学地进行教育理论的升华。进而，不断地提高自己的教育专业素质，不懈地提升自己的教育理论境界。如此，才能不断地提升自己的教育专业智慧。

(一) 提高幼儿教师提出新问题、解决新问题的能力

幼儿教师提出的课题研究，都是立足于教育实践的，教师为了能提出一个有研究意义和价值的课题，首先围绕教育教学实践中发现的问题，广泛地收集情报资料，学习相关理论，对已有研究进行分析、综合，把握研究的动态，再分析、聚焦教育教学现实中的问题，提出自已新的研究视角，然后在教育实践中不断地进行行动、反思、调整，对解决问题形成的教育经验进行总结，提出自己的研究结论。久而久之，通过幼儿教育科学研究，可提升幼儿教师的教育专业智慧。

如果教师有一双研究的眼睛，就有一双发现的眼睛。

【案例】 幼儿每天都在发生着变化，班上的每位幼儿都是不同的。有的幼儿情绪高涨，有的幼儿情绪压抑，有的幼儿对数学习很容易掌握、有的幼儿掌握得慢些……特级教师徐苗郎老师对这些问题不是视而不见，而是不断地思考：为什么会是这样？有什么解决的办法？带着这些问题，她孜孜以求地学习维果斯基最近发展区理论、蒙台梭利理论，查阅有关数教育的情报资料，进行分析、对照，发现对于幼儿数学习方面表现出来的差异，在我国长期以来进行的数学教育划一的课堂教学模式中难以解决，而维果斯基最近发展区理论及蒙台梭利理论主要是对幼儿进行个别化教育，可以借鉴、运用到数教育中，以开放式的教学凸显幼儿在学习中的主体地位，于是创造性地提出了“正式与非正式幼儿数教育活动系列研究”。这一课题提出以后，如何研究解决？于是课题组成员齐心协力，边学习相关理论、边实践、边反思、边总结提炼，使教师们越研究越清晰、明确了“正式数教育”是指针对幼儿数发展水平与数活动目标之间的差距，进行有目的、有计划指导的教育活动方式。“非正式数教育”是指幼儿受环境的诱发，在一定的内在学习动机驱使下，有意向地选择有关数学习材料，积极主动地自我学习的活动方式。教师们在研究中揭示了其中的规律，很好地发挥了两种活动方式各自的优势，通过它们的交互作用将数教育目标加以整合，使处于不同水平的幼儿有充分的自主学习时间，并在个人建构与合作建构的互相推进中得到充分的发展。

研究提高了教师提出新问题、解决新问题的能力，而且打破了数教育内容的组织方式等，在数教育方面有非常大的创新。

（二）提高幼儿教师揭示教育规律的能力

幼儿教育科研的特殊之处在于需揭示幼儿教育规律，这需要教师不拘泥于实践操作，而是能从大量实例中抽炼、归纳出其中规律性的东西。这对习惯于具体操作的幼儿园教师而言，的确是对自己思维方式极大的挑战，在这个过程中通过不断地梳理，经过“总结—否定—再梳理—总结”这样一个反复思考、锻炼的过程，提高了幼儿教师自己的归纳、提炼能力，从普遍性中揭示出教育规律，提升了研究成果的价值，使研究成果更有推广的前景。

【案例】 徐苗郎老师在开展“正式与非正式幼儿数教育活动系列研究”中，经过一年的准备和三年的实践，这期间每行动研究一步就进行及时地梳理、总结，凡是梳理、总结效果不理想，就推翻重新进行梳理、总结，使得徐老师对幼儿数学的教育与教学获得了许多规律性的认识。比如，“关于材料的投放”，她总结出了必须做到适时、适度和适量，还要注意“三结合一保证”：序列性与层次性相结合、多样性与多功能性相结合、滚动性与随机性相结合、数量上保证。“关于正式活动的开展”，正式活动虽然在形式上与过去的集体教学相似，但在本质上却有根本的差别①。其目的是一个激发幼儿发现问题、引导思维、鼓励幼儿共同解决问题的过程。因此，在正式活动中教师是以问题讲座的组织者的身份出现的。在活动过程中，教师一般采取以下一些策略引导幼儿积极互动，教师则参与其中：（1）直接导入问题。对某些幼儿已有的经验难以迁移的新操作材料，或某些行为问题，通过演示和介绍，使幼儿得到启发有所了解。（2）比较判断。将两到三种不同的操作方法呈现在幼儿面前，进行观察和比较，判断其合理与否，得出结论。（3）复问、质疑。对某些操作方法或解释要求

① 徐苗郎．非正式与正式优化组合数学教学模式简介．幼教园地，2006，(12).

进一步解释或提出质疑，思考其是否合理。(4) 交流分享。面对共同关注的问题，展示个别或小组寻求解决的方法，共同归纳整理，寻找某些规律。

幼儿教育科研提供给幼儿教师不断历练的机会，改变了幼儿教师的思维方式，使幼儿教师的思维更严谨、更富逻辑性，进而以专业的视角或思维提升教育教学的品质，努力成为研究型、专家型的教师。

第二节 促进幼儿园的内涵发展

幼儿园教师的课题研究，都是直接来源于幼儿园发展中的问题，课题应是直面幼儿园课程教材改革的关键和瓶颈。因此，通过课题研究使幼儿园发展中的问题得到了解决，可推动幼儿园的内涵发展。

一、有利于形成幼儿园的办园特色

幼儿园特色的形成，不是靠幼儿园园长、老师唱出来的，而是靠管理者、全体保教人员踏踏实实干出来的。形成办园特色的幼儿园都是围绕一个研究课题，咬住青山不放松，几十年如一日坚持研究，进而形成幼儿园的特色和品牌。

【案例】 上海市南西幼儿园于20世纪80年代末开始探索“游戏课程”，至今已走过20余年，“游戏”已成为南西幼儿园的特色和品牌。

这是因为南西幼儿园围绕“游戏课程”探索，在园长亲自挂帅下，经历了三个市级课题的研究，分别为“游戏课程探索”“游戏课程师生互动策略及其过程评价研究”“‘游戏课程’中对幼儿生成活动回应策略的研究”，前两个课题研究成果均获得了“上海市教科研成果二等奖”，后一个研究成果荣获了“上海市第九届教科研成果教育改革实验奖一等奖”，现在，他们又提出了“实施‘快乐玩，有效学’，幼儿游戏与学习优化整合的研究”。

可见，南西幼儿园伴随着学习、贯彻《幼儿园教育指导纲要（试行）》精神，开展了“践行游戏，促进课程园本化建设”的研究，并提出了“快乐玩，有效学”的“游戏课程”实践理念。幼儿园为幼儿提供充足的游戏时间，创设丰富的游戏环境，共享幼儿的游戏过程，强调认同幼儿的兴趣热点，推进幼儿的自主发展，不断探究和研发游戏课程教材；倡导关注幼儿的生成活动，并在价值判断的基础上挖掘幼儿游戏过程中各种有价值的教育契机和信息，通过实施“全选”“链接”“替换”“保存”等策略将之转化为幼儿的学习内容，以此建立起游戏内容与个别化学习（或集体活动）的动态联系，有效地推动幼儿的发展，让幼儿“在游戏中学习，在游戏中发展”。在一系列课题研究的基础上，幼儿园游戏课程建构和实践等方面打下了坚实的基础，积累了丰富的经验。“游戏”已成为南西幼儿园的一张名片。

在20多年的课题研究中，园长挂帅的全员常态参与是研究的保证，从而在实践中研究，为改进实践而研究。

二、有利于提高幼儿园保教质量

幼儿园保教质量的提高，不是教师简单的、低层次的经验的重复，而是需要在一定理论指导下的科学的实践，这样才能使教师们的保教实践在科学理论指导下，进而提升幼儿园保教质量，课题的研究为理论指导下的实践找到了一个支架。

【案例】 幼儿园在开展“促进2～3岁婴幼儿认知经验整合的顺应式活动设计与操作技术的研究”中，吸纳了当代脑科学、儿童发展心理学、教育生态学等最新研究成果，以此作为研究的理论基础，并且持续进行了维果斯基关于“3岁前儿童是按他自身的大纲来学习的”早期学习理论的实践解读，从而领悟了早期教育要顺应婴幼儿的发展规律和特点，在合理范围内（最近发展区内）促进婴幼儿的健康成长，从而逐步确立了符合幼儿园实际的2～3岁婴幼儿顺应式活动的理念——“顺应发展，满足需要，循序推进”。研究在这样的理念指导下，揭示了2～3岁婴幼儿顺应式活动的学习过程内在本质——认知经验整合，即将现在的学习经验与过去的经验相联系、整合认知经验过程中的学习能力；揭示了2～3岁婴幼儿顺应式活动的学习过程重要特征——主动建构；揭示了2～3岁婴幼儿顺应式活动的学习过程基本方式——接受方式、互动方式、表现方式；归纳了蕴涵于2～3岁婴幼儿顺应式活动的认知发展需要层次及相应行为特征和活动倾向，进而构建了2～3岁婴幼儿顺应式活动的认知学习序列（认识自我、认识他人、认识环境、做（操作）的经验和感知能力五大类学习序列）与活动内容板块（生活自理、探究把玩、阅读说话、感觉运动），形成了2～3岁婴幼儿顺应式活动的设计与操作技术：顺应式活动实施中材料的研发技术，包括：原创材料的研制，真实物可“玩”性功能的开发，现成玩具附加功能的研发，顺应式活动实施中观察与分析的技术，促进其认知经验整合的技术，等等。

研究由于以分析2～3岁婴幼儿认知学习特点为切入口，研究婴幼儿的早期活动方式和认知特征，将婴幼儿的学习行为分类细化；以顺应式活动的创意设计为抓手，让教师转变观点与角色，在设计中关注细节、关注操作技术；以2～3岁婴幼儿认知经验的整合为落脚点，在活动设计、材料设计与组合、环境创设等方面树立整合的观念，使教养活动内容和过程与真实生活相联系，与婴幼儿已有的生活经验相联系。实践引发了幼儿园教师雪球滚动的经验智慧，使得幼儿园的保育教育更科学、合理，提高了幼儿园保教质量。

三、做到家园共育，提高教育效益

幼儿生活的环境主要是幼儿园和家庭，由于家园之间存在着教育目标和教育方法的差异性，由此引发幼儿行为习惯等各方面表现的两面性，从而影响了幼儿教育的实效性。因此对幼儿的教育，如果仅靠幼儿园单方面的力量，往往事倍功半，只有幼儿园教育和家庭教育紧密结合，才能事半功倍，取得“1＋1＞2”的效果。这就需要幼儿园树立“大教育”的观念和意识，需要幼儿园和家庭都有积极主动的态度，教师对幼儿家长热情接纳，让家长参与到幼儿园教育中，家长对孩子具有爱心和责任感，对幼儿园乃至整个教育的信任与支持。只有教师、家长从意识上、目标上首先形成合力，才能做到家园共育，提高幼儿教育的效益。课题的研究使家园共育成为可能。

【案例】 “家园合作　实施幼儿礼仪教育的实践研究”，园长认识到只有教师不断丰富自身的礼仪素养，才有可能将礼仪内涵内化为教育行为。于是大家首先研究了幼儿教师的礼仪内容，如来园活动时教师涉及的礼仪内容包括“入园礼仪”“早护导礼仪”“来园接待礼仪”，在此基础上，对教师开展了多元化的礼仪培训活动，有定期开展不同专题的礼仪培训，如教师的着装、教师的语言等，还有学习研讨等，让教师具有良好的礼仪。在此基础上，对家长开展丰富多样的礼仪指导活动，为帮助家长树立礼仪教育的观念、掌握幼儿礼仪教育的内容和方法，幼儿园开展的指导形式有：家园礼仪直通车、家长礼仪大冲浪、家长礼仪沙龙等，这一系列不同形式的家长礼仪指导活动的开展，使家长在言行举止上更有礼仪了，这样使家庭礼仪教育成为可能。幼儿园和家庭围绕相同的礼仪教育内容：仪容仪表、行为习惯等，共同开展对幼儿的教育培养，幼儿礼仪行为得到了优化。

幼儿园的课题往往都是以小见大，着眼于问题的解决；课题研究的意义不在于发表了多少篇论文，根本目的是通过科研，带动幼儿园的全面工作，从而真正促进幼儿的发展。

第三节　提高园长管理有效性

我国著名教育家陶行知说：“校长是一个学校的灵魂，要想评论一个学校，先要评论它的校长。”可见，有什么样的校长，就有什么样的学校。对幼儿园而言，同样如此。园长是幼儿园管理的主要设计者、组织者和指挥者，人们常说：一位好园长，就有可能成就一所好幼儿园。说明园长有效管理的重要性，这就需要园长要有研究的意识、思想，用研究指导自己的实践，带领幼儿园的教师们一同前进。

一、有助于创建学习型团队

在幼儿园的舞台上，园长是领跑者，园长跑得多快，教师们跟着就会跑多快；园长是船长，是掌舵的，如要指挥幼儿园这艘航船乘风破浪远航，到达理想的彼岸，就要将船员团结起来，建成一个为共同完成目标、共享信息和其他资源，并按一定的规则和程序通过充分的沟通和协商开展工作的群体。这就需要在幼儿园内创建学习型团队。在幼儿园内创建学习型团队最重要的手段之一是幼儿园教育科研，因为在幼儿教育科研中，不是园长自己一个人进行研究，而是带领全体教职员工这样一支团队一起进行课题的规划、设计、实施等研究，大家就某方面问题共同进行深入地思考、研究、实践，遵循着在行动中实践、在实践中反思、在反思中研究、在研究中行动这样一个不断循环往复的过程，在研究中使得幼儿园成为一种学习型、研究型组织。

【案例】 有一幼儿园园长根据学前教育发展的趋势（保育真正落到实处、重视评价的研究）和幼儿园已有研究开展的情况（已开展过医教结合方面的课题研究等），提出了“幼儿园保教质量评价机制有效运作的研究”课题，带领全体教职员工一起进行课题研究方案的设计，对课题研究作出规划、设计，在具体实施时，首先对评价有一全面的设计和实施：对自己幼儿园课程规划层面的分析，对幼儿园保育和教育各模块活动评价的思考，对幼儿身体发育、兴趣习惯、思维水平等进行评价，在此基础上，成立了幼儿园幼儿健康监测与干预研究室，设立了“三区一角”幼儿健康监测系统；进行了“思优”保教质量评价工具的开发研究：有调研的表格、量表、档案袋评价等，在开发评价工具研究中对如何设计调研表格、量表进行深入思考，试调研后发现调研表格、量表中的问题，及时改进，再进行调研……对档案袋评价也是如此，教师们一开始更多记录的是幼儿活动的结果，园长带领教师们一起学习、研讨，明晰档案袋记录的目的和意义——了解幼儿学习的过程，于是对档案袋记录内容进行重新调整，重在对幼儿学习过程的记录。通过这样不断循环往复的研究—实践—反思—研究—实践，最终形成了保教活动自我监测系统。通过全员卷入式的评价系统信息的收集，对信息进行分析、判断，及时发现幼儿身心发育及保教活动实施中的问题，为保教人员科学有效地执行保教任务提供信息反馈和行动方向，并以全体参与的方式实施保教质量追踪与改进，构建即时“发现问题、诊断分析、创新设计、落实跟进”清晰完整的幼儿园保教质量评价的运作机制。

通过课题研究，园长将全体教职员工建成一个为共同完成共同目标（幼儿园保教质量评价机制有效运作），共享信息和其他资源（保育员、教师、家长对保教质量评价信息可以相互沟通、交流，相互分享），并按一定的规则和程序（“发现问题、诊断分析、创新设计、落实跟进”幼儿园保教质量评价的运作机制），通过充分的沟通和协商开展工作的群体，即在幼儿园内创建了学习型团队，这是幼儿园内其他形式的活动所不及幼儿教育科研之处的。

二、有助于加强研训一体的师训工作

进入21世纪，人们越来越清醒地意识到“研训一体”为教师培训注入新的活力，“研训一体”为新课改培训搭建新的平台，“研训一体”是教师专业发展的价值诉求。所谓研训一体就是将操作性的、以解决教学实践中具体问题的教研，与严谨的、有明确意识与指向的、以探索教育教学问题的客观规律为目的的科研，以及对教师的培训之间相互联系、相辅相成，实现教研、科研在人才资源和物质资源上的共享，实现研究内容和研究形式上的“合”，使更广泛的教师群体加入研究队伍，通过实实在在的教育教学研究，让教师获得对于教育教学规律的把握和感悟，使得教师在参加教科研中得到培训和发展。

【案例】 幼儿园课题研究起源于问题，问题来自于：(1) 幼儿园整体发展长河中能承上启下的关键点；(2) 幼儿园课程教学改革中的关注点；(3) 教师将课改理念转化为教育行为过程中的难点。为了帮助教师解决教育教学中的问题，南阳实验幼儿园在管理上提出了教研专题和科研课题“动态运行，适时转换”的研训一体方式，具体为：

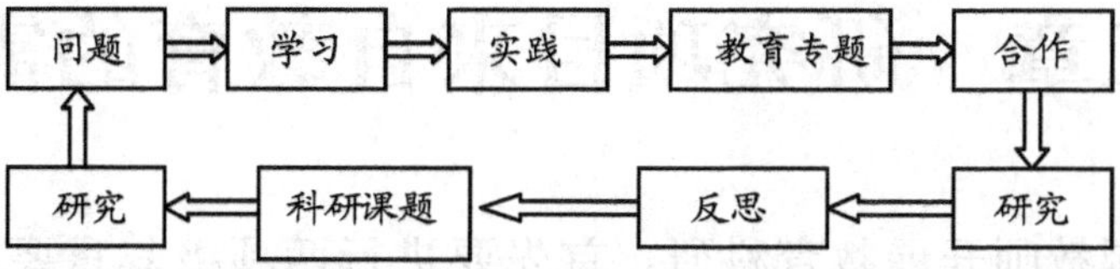

幼儿园教研和科研围绕共同研究的问题适时的转换，使得全体教师都参与其中开展研究，而不是将科研和教研割裂为两个既独立而又毫无联系的工作。如教研活动中研究：要关注与促进每一个幼儿的需要与发展，那如何操作、落实教育关注个体？于是提出了研究课题——“在群体活动环境中2～6岁儿童个别化教育行动的研究”，使得科研、教研关注、研究同样的问题。

“科研的行动方法，教研的组织形式”是研训一体的主要实践形态。具体说来，幼儿园年级教研组专题研究计划的制订，是根据本年级组教师相对共同的实践中的难题（大班年级组教师相对共同的实践中的难题是：如何操作、落实在群体活动环境中4～5岁儿童个别化教育）、本学期教育实践研究专题指向（主题活动中个别、小组、集体活动组织形式最优化的行动研究）、本年级组中教师主持的课题（在群体活动环境中4～5岁儿童个别化教育行动的研究）而制订的。在年级组活动的基础上，开展大教研活动，这样就有共同的语言了，在相互讨论的过程中大家有话可说、有话想说、有话能说，使得科研、教研、培训真正做到一体，让教师与教师间受到启发、得到获益。其基本流程：

通过教研、科研和培训三者间的对接、融通，可以实现有效教研和科研、高效培训，真正引领教师的专业发展和专业素质的提高，从而保障了幼儿的发展，幼儿园也得到了长足的进步。

思考题

请结合自己或本园学前教育科研的实践，谈谈对学前教育科研的认识。

第二章　研究项目来自教育的需要

幼儿园教师开展教育科研，首先要进行两项极其重要的准备工作——选题和研究方案设计。这两项工作与研究的成败和质量密切相关。

研究始于选题。作为课题研究的第一步，选题不仅决定了研究者目前与今后的研究方向、目标和内容，而且还规定了研究必须采取的途径与方法。因此，选题正确与否，事关研究的成败，也直接影响广大幼儿园教师的研究热情和自信心。从现实情况来看，相当一部分幼儿园教师经常为找不到既能解决实际问题，又有创新价值的课题而发愁。其实，课题来源于问题。那么，怎样发现和筛选出值得研究的问题？问题如何转化为课题？从哪些思路入手，可以有效地发现和筛选问题？选题中易犯的毛病有哪些？该怎样去解决？本章第一节将主要围绕着这些内容展开。

确定好拟解决的问题后，就要对如何解决该问题的程序或思路作通盘的考虑和整体的谋划，即进行研究方案设计。原华东师范大学校长刘佛年教授的研究生曾经问他："方案设计要花多长时间？"刘教授回答："花多长时间都不算多。"进行研究方案设计，有助于理清研究思路，明确研究重点、难点和解决问题的步骤，直接关系到课题研究的质量、价值、进度以及研究所达到的深度，为课题研究的顺利开展提供了重要保证。

一般来说，研究方案的设计要围绕着以下六个关键问题进行整体考虑：（1）研究的是什么问题？主要涉及关键概念的界定、课题名称的准确表述等。（2）为什么要研究这个问题？主要涉及国内外的研究现状、研究的缘由、理论和实践意义等，这部分必须建立在广泛收集相关文献资料并进行整理分析的基础之上。（3）从什么维度进行研究？具体表现为研究目标和研究内容的确立、研究的创新之处，是整个研究方案设计的重点也是难点。（4）怎样进行研究？主要涉及研究方法的选择和研究过程的安排。（5）能不能进行研究？主要涉及完成研究的内、外部条件分析。（6）研究最后的结果可能会如何？主要包括研究的预期效果（研究假设）和预期结论和成果形式。

根据教师进行研究方案设计过程中经常遇到的困惑，我们择其重点内容，例如，如何进行关键概念的梳理界定、他人的研究成果如何进行分析和运用、研究目标和研究内容如何确立、研究方法如何选择等，将分别在第二节、第三节、第四节、第五节进行理论联系实际的具体阐述。

第一节　研究项目的表述

阅读完本节，希望能帮助您澄清以下困惑：

☞ 如何确定研究的问题？

☞ 问题怎样转化为课题？

☞ 如何科学选题？

幼儿园教师开展教育科研的第一步，也是关键一步，就是选择合适的课题进行研究，它对幼教科研工作能否有效开展起决定性影响，关系到科研工作的发展方向、价值及效果，是幼教科研成败的关键。然而，幼儿园教师开展教育科研最头痛的问题之一，就是不知道该确定什么样的问题进行研究才有价值。教师们对于“课题来源于问题”耳熟能详，但是，问题怎样才能转换成课题？教师如何去发现和筛选出值得研究的问题呢？下面，我们就来探讨这一话题。

一、研究问题的发现、筛选

1. 问题如何转化为课题

问题是课题的源头活水，课题必然是针对特定问题开展的研究，两者密不可分。但是，并不是所有的问题都可以成为课题，也不是把问题直接拿来就是课题。发现了有价值的问题，还必须把问题经过一定的转化，才能称为课题。

首先，我们来了解一下问题和课题本身的内涵。

问题是什么？问题就是指尚待解决或弄不明白的事情，是需要研究讨论并加以解决的矛盾、疑难。每位教师在开展保教工作中，都会碰到各种各样自己弄不明白或解决不了的事情。例如：

(1) 班上某个孩子经常打人，虽然老师对其进行了教育，但效果并不明显，怎么做才能帮助这个孩子改掉打人的毛病？

(2) 为什么班里的孩子（小班）特别爱告状？教师应如何应对？

(3) 在城郊结合部幼儿园，多半孩子是外来务工人员子女，他们有一些城市孩子所不具备的良好品性，但是在生活习惯、行为习惯方面也有很多不足，怎样做才能帮助这些孩子养成良好的习惯？

(4) 现在特别强调反思。那么，教师如何进行反思才有效？

(5) 幼儿园环境如何创设？

(6) 教师与幼儿的互动应如何进行？

(7) 在西方文化充斥和多元价值观的影响下，如何看待对幼儿开展传统美德教育？

(8) 在新教师大量增加的情况下，如何对新教师尤其是非学前专业教师开展入职培训，才能快速提高他们的工作胜任能力？

(9) 园本化课程应如何构建？

……

幼儿园教师们遇到的上述种种问题，情况各不相同：有的困扰自己但对其他教师不一定造成困难，也有的是教师遇到的普遍困惑，对其他教师有参考价值；有的具体，对象和要解决的问题很清楚，也有的笼统，牵涉到的内容和影响因素很多；有的是老问题，看不出什么新意，但可以从新的视角、用新的措施加以解决，也有的是新形势下遇到的新问题；有的是教师自己很快就能想明白、做得好的，也有的必须依靠团队的力量、经过深入的分析、借助一定的情报资料、运用一定的方法进行研究讨论才能弄清楚。

对这些矛盾和疑惑，去除问题的表象，弄清问题的实质，经过一定的转化，都有可能成为课题。当然，问题不同，转化后的课题价值和意义也是不一样的。

课题的本义，是“研究或讨论的主要问题或亟待解决的重大事项”。教师从自己面临的诸多问题中，确定最主要的或者迫切需要解决的、最重要的一个问题，然后运用一定的科学方法，有目的、有计划、有步骤地解决，这个过程就是课题研究。可见，课题来源于问题，但课题要解决的问题，必须经过一定的筛选和过滤，聚焦于那些自己感到困惑的、亟待解决的重要问题，还要弄清问题的具体指向和重点。问题指向越明确、具体、清晰，越有利于问题的解决。同时，要让自己的课题产生更大的影响，必须凸显一定的新意，并对同类问题的解决有可操作的借鉴意义。

因此，教师们工作中遇到的问题必须经过进一步的思考和转化，排除次要问题，找到自己亟待解决的难题，梳理出解决问题的大致思路，然后用书面语言、专业术语代替口语，突出一定的新意，把问题用简明、准确、醒目的语言表述出来。下面，我们就来举例说明将问题转化成为课题的具体方法。

【案例1】 使问题1转化为课题的技术处理方法：孩子是研究对象，但属于口头用语，其书面语是幼儿；打人属于攻击性行为，改掉打人毛病是研究的具体内容，即矫正攻击性行为；针对某个孩子是方法，属于个案。因此，问题1的课题表述为：矫正幼儿攻击性行为的个案研究。该课题比较适合教师个体进行研究。

【案例2】 使问题2转化为课题的技术处理方法：小班孩子是研究对象，书面语为小班幼儿；要弄明白幼儿为什么告状，离不开对告状的原因进行分析，如何应对属于对策范围。因此，问题2的课题表述形式为：小班幼儿告状行为的原因分析及对策研究。

【案例3】 使问题3转化为课题的技术处理方法：外来务工人员子女是特定的研究对象，要使之养成良好的生活、行为习惯，用什么手段？只是批评教育肯定不行，笼统地提养成良好行为习惯，又缺乏具体的抓手，不能深入。经过讨论，幼儿园提出了“赏识教育”的方法，即教师转变观念，通过发现外来务工人员子女身上的闪光点、优点和长处，取长补短，来带动、改进其存在的不足，很有新意。经过讨论，幼儿园认为习惯涉及的内容很多，他们希望先从养成幼儿良好的生活习惯入手。于是，该课题表述为：运用赏识教育方法，促进外来务工人员子女良好生活习惯养成的实践研究。

【案例4】 使问题4转化为课题的技术处理方法：反思，对于提高教师的专业化成长的确非常重要，但要提高反思的有效性，就不能笼统、空泛地谈反思的重要性和方法，而是必须紧密结合教师的实际工作，有具体、明确的反思载体和反思目标，否则就容易流于形式，对教师的专业成长没有实实在在的帮助。联系幼儿园教育实际，幼儿教师是通过一次次教育活动对幼儿开展教育、实施影响的，那么，以每天开展的教育活动全过程为反思对象，即以课例为反思对象，从活动目标设置、内容选择、教育方法运用等方面进行反思，可使反思有实在、具体的抓手和载体。因此，本问题的课题化表述可以调整为：以课例为载体，促进幼儿教师反思的实践研究。

【案例5】 使问题5转化为课题的技术处理方法：环境创设历来是幼儿教师非常重视和感兴趣的问题。“幼儿园环境创设的实践研究”虽然也是一个科研题目，但幼儿园环境按照不同的划分依据可以有很多类型，环境创设方面的经验文章和论文也比比皆是。本题目中的“环境”到底是指幼儿园哪个方面的环境？隐含的目标是什么？是否有和以往环境创设不一样的视角和方法？这些从题目中都看不出来，如果不修改，就显得笼统、平淡，没什么新意。而某幼儿园开展了“中班幼儿支持性语言环境创设的案例研究”，同样是环境创设方面的内容，但后者主要针对中班幼儿（对象）创设支持性的语言环境（这是最大亮点），所采用的方法也很明确（案例研究）。由此，课题就变得清晰、具体，并有一定新意。

需要强调的是，“问题”反映的只是教师在实际工作中的困惑，拨开问题的层层迷雾，找准问题存在的真正“症结”，尝试用一定的方法创造性地解决问题，则是课题必须考虑的内容。而且，课题还特别强调有一定的新意。当然，这里所说的新意，不是说要选择全新的问题去研究，而是在某方面体现自己的不同寻常或独到之处，如看待问题的视角比较新，有深度，解决问题的方法、手段等有一定创造性，引入的手段较先进、理念比较先进，研究的问题对面上的教师有较大的借鉴和价值参考等。这样才能真正揭示问题的真相，提高对教育实践的理性思考，也能在同类研究中引起同行或专家的重视。

2. 发现和筛选问题的几个思路

发现问题比解决问题更重要。那么，如何发现问题？许多幼儿园教师的体会是：一个问题的产生，最初往往是通过阅读、研究有关领域（或自己感兴趣）的文献如教育期刊、研究报告、经验总结、案例分析等，或者在教育教学实践过程中受到某些启发，产生一些感悟与联想，从而有一个初步的问题方向，随着思考的深入，原来粗泛朦胧的想法逐渐变得集中，问题逐渐变得清晰明确，一个有价值的课题也就产生了。

那么，要发现和筛选值得研究的问题，具体可从什么方面入手进行思考呢？

（1）从工作的疑难困惑中寻找突破点

每个人在自己的教育教学中都会有疑难，有的还十分棘手。这正是课题确立的好契机。反思问题存在的根源，从另外的视角看待和解决存在的突出问题，一个有创意的课题就有可能产生。可以说，从疑难困惑中寻找突破点，是教师课题的重要来源。

【案例1】 某幼儿园是上海市的家庭教育研究与指导基地，园长在此方面也积累了较多的经验。但经过观察发现：幼儿园虽然开展了多种形式的家庭教育指导工作，但家长满意率和教师积极性都不高，家庭教育指导方面的研究成果也少之又少。如何保持家庭教育研究与指导基地，使其可持续发展？提高本园家庭教育指导有效性的突破口到底在哪里？园长十分苦恼。这就是一种疑难困惑，需要破解。经过反复的思考和与专家的讨论，这位园长逐渐明白：反思现状、找出问题，就是科研的起点。园长详细分析了本园家庭教育指导的现状——有一定经验，但形式多，缺少针对性、系统性；分析了产生这些问题的原因——没有对家长的需求进行深入分析；找到了提高本园家庭教育指导有效性的抓手——在调查了解家长对家庭教育指导需求的基础上，对家长普遍关注的话题进行分类、归纳，再分别围绕这些话题（如“如何进行幼小衔接”“如何帮助幼儿养成良好的行为习惯”等），从不同角度、不同层面对每一话题内容进行细化，开发家庭教育指导菜单（主要是内容方面）。然后，确定指导与被指导对象，采用多种多样形式开展家庭教育指导。该课题的名称最终确立为“幼儿园主题单元式家庭教育指导的实践研究”，有重点、系列化地推进家庭教育指导工作，突破了幼儿园发展的瓶颈。

【案例 2】 某幼儿园于 2005 年 9 月开办之初，就招了一个托中班（即 19～24 个月龄的婴儿班）。当时园内几乎没有熟悉低龄婴幼儿年龄特点和保教工作的教师，也没有其他公办园的经验可以借鉴。如何在托中班婴幼儿一日活动的日常管理中落实以幼儿发展为本的教育理念？如何在托中班的保教活动中引导教师遵循婴幼儿的年龄特点？面对这一系列问题，幼儿园确立了“19～24 个月婴幼儿机构教养的实践研究”课题，并成立了研究小组，紧紧围绕托中班的日常保教工作如何科学开展，以自然测试法、调查法、经验总结法、案例分析法、观察记录法等科研方法开展了实践性研究。经过两年钻研，不仅有效解决了保教工作中的首个难题，还带出了一支熟悉低龄婴幼儿年龄特点、具有一定科研能力的教师队伍，为幼儿园的后续发展打下了良好基础。

从自己工作中存在的困惑、疑难和棘手的问题入手，深入了解问题的现状、寻找问题产生的原因并积极探寻具体的解决办法，有助于教师持续性地反思和改进保教工作，也有利于教师把工作和研究紧密结合，提高研究的应用价值。

（2）从社会关注的热点中寻找切入点

近些年，国内外关于教育的改革一直在如火如荼地进行中。在此大背景下，各种教育理念和理论层出不穷，对教育教学实践也会产生影响。基层教师是先进教育教学思想的实践者，在工作中不可避免地会涉及上述种种热点问题。一连串“为什么?”“怎么做?”等问题就会出现，其中必然蕴涵着大量亟待解决的问题。

【案例】 随着《幼儿园教育指导纲要（试行）》的全面实施，幼儿园也面临着诸多问题亟待解决，如教师预设与幼儿生成如何有机结合、区角学习中教师如何适时适度介入？主题活动如何构建与实施？主题活动中如何利用和开发社区资源？农村幼儿园实施探索型主题活动会遇到哪些问题及如何破解？等等。再如，随着幼儿园规模的扩大和数量的增多，新教师的岗位培训问题以及非学前专业职初教师的专业化培养问题日益凸显。此外，还有幼儿园信息技术如何应用？幼儿园该不该实施英语教学？0～3岁婴幼儿早期教育如何开展？等等。

从社会关注的热点话题中找到切入点，这要求教师善于学习，及时了解当前国内外教育发展的状况，发现并追踪热点，与自己的实际工作进行对照，做出理性分析，从而揭示矛盾，发现问题，这样选择的问题往往具有很强的针对性和时效性。

（3）从以往的成功经验中寻找生长点

幼儿园在某方面进行过研究，积累了一定的经验，最好继续围绕相关内容进行深入探索，从而形成和完善幼儿园的研究及办园特色。在经历了一段时间的保教工作后，每位教师都会在一定程度上积累经验，这是一笔十分宝贵的财富，也是专业发展的标志。立足幼儿园的积累或教师的专长，使之发展、深化，对幼儿园和教师自身都是很好的思路。

【案例1】 某幼儿园曾是区的保育工作基地，在保育研究方面很有成效，在此基础上，幼儿园逐渐形成了生活教育的特色，先后确立的课题为：幼儿园健康教育模式研究、幼儿生活教育的实践研究、以生活教育为载体促进幼儿情绪健康的实证研究等，十多年没有间断对生活教育的探索，办园特色非常鲜明和成熟。

【案例2】 某幼儿园从成立全国首家0～3岁双休日亲子育儿学

苑（即招收 0～3 岁孩童及家长，双休日开展育儿指导活动）之始，就始终围绕着 0～3 岁婴幼儿如何科学教养问题进行坚持不懈的研究，先后确立了“0～3 岁婴幼儿家庭教育指导研究”“0～3 个月乳儿家庭教育指导模式研究”“3 岁前婴幼儿集体教养的研究”等。

因此，思考自身（或幼儿园）有哪些成功经验？这些经验是如何积累的？其中有什么规律？在理论上作何解释？如何发展和推广等都值得思考与探索。如果忽视了这些经常性的后续研究，那么这些经验只能停留在琐碎的操作层面，难以系统化和理论化。

（4）从发布的课题指南中寻找对接点

一般来说，各级部门、各个条线都会将自己期待解决的问题以“指南”的形式进行发布，如“中国学前教育研究会‘十一五’课题指南”“上海市家庭教育研究‘十五’规划指南”“上海市学前教育课题指南”等。教师可通过学习指南，从中选择自己感兴趣的课题或适合幼儿园开展的课题。

【案例】 通过阅读“中国学前教育研究会‘十一五’课题指南”，某人员发现：在“（二）当前学前教育事业发展中的问题与对策研究”中，有一项课题为“学前教育资源配置的公平性问题研究”。由于该人员是某教育技术装备部的公务人员，他认为“资源配置”涉及的范围太大，内容太多，基于自身具备的研究条件分析，他认为“机构内的装备配置问题”更加现实可行，考虑到“资源配置的公平性问题”不仅仅是依靠某一个部门力量就可以解决的问题，但“装备的配置和使用”是目前亟待解决且自己有条件研究的问题。于是，他将研究内容由“学前教育资源配置的公平性问题”缩小为“学前教育机构装备配置和使用问题”，鉴于“装备配置和使用”是一项综合性的研究，该课题题目最终确定为：“学前教育机构装备配置和使用的综合研究”。并被上海市教委确立为“2007 年度上海市教育科学研究重点项目”。

可见，课题指南反映了教育研究及行政部门当前亟待解决的热点、难点问题，能为教师（包括所有研究人员）指明选题的大方向。但由于课题指南要兼顾到面上的一般情况，不可能把范围定得很小，因此，教师可从指南中列出的各个题目中找到某一个“对接点”，然后根据自身具备的研究条件和自己感兴趣的问题适当缩小范围，明确指向，直到最后确立研究的课题。

相关链接1：http://www.cnsece.com/news/79/118.html（中国学前教育研究会“十一五”课题指南）

相关链接2：http://yanjiuhui.age06.com/310000/9816/（2010年上海市教育学会幼教专业委员会课题指南）

（5）从不同领域的学科中寻找交叉点

在现代科学融合发展的趋势下，各学科之间、各研究者之间的交叉领域往往是研究的空白之处，蕴涵着大量值得探索的新问题。

【案例1】 标准化质量管理思想源于全世界公认的ISO 9000质量管理标准体系，是国际标准化组织颁布的在全世界范围内通用的关于质量管理和质量保证方面的系列标准。它在全球具有广泛深刻的影响，被80多个国家采用。ISO 9000质量管理特别强调要将管理视为一个过程控制，依靠严格的管理制度监控整个管理过程，杜绝中间任何环节出现不规范行为，从而确保产品质量。我国工业、农业、军事、信息化等行业已实施ISO的标准化质量管理。但能否在教育服务中借鉴这种思想方式和采取相应手段，尤其是在学前教育领域的管理中进行运用？尚无明确的、有针对性的研究。根据幼儿园管理中普遍存在的重教学活动质量管理、轻保育和教育服务质量管理、保育和教育服务过程中责任明而不确、管理工作缺少文本化意识、对管理过程没有相应控制、管理过程没有痕迹等问题，某区的研究者大胆地在幼儿园教育服务项目中逐步引入ISO 9000质量管理思想，进行了“幼儿园基本教育服务项目标准化管理的探索研究”，开辟了全新的研究领域。研究者通过框范和确立幼儿园基本教育服务项目，对影响幼儿园服务质量的各个项目的服务内容、流程结构、运行要素等相关因素进行研究，建立幼儿园教育服务的基本标准，提出定量和定性结合的实施标准及操作规范，形成文本，为师资队伍建设和现代学校制度建立提供了实践案例。

【案例 2】 某幼儿园已分别对“3～6 岁混龄幼儿教育”和“幼儿艺术教育”进行了若干年的探索，积累了丰富的经验。在比较了两者的交叉空白点后，幼儿园确立了“在 3～6 岁混龄幼儿中开展艺术教育的研究与实践”课题，使混龄教育和艺术教育寻找到了新的生长点。

要寻找不同领域的交叉点，可了解自己研究领域属于哪一个学科？可把哪些其他领域的先进理念或有效做法引入进来？现有研究领域与哪些其他学科有交叉研究的必要性和可行性？通过对这些问题的思考与筛选，确定自己的研究方向。

（6）从视角转换的反思中发现新视点

对同一个事物，由于观察者的背景、思维方式、观察视角不同，有时会得出截然相反的结论。选题的过程也是如此。从新的视角审视司空见惯的老问题，往往收到意想不到的效果。

【案例】 幼小衔接是 20 世纪就引起广泛关注的重大课题，形成很多对策，似乎很难再有新意的课题产生。但现实困境依然存在。某园根据与某小学同处一个社区、毕业的绝大部分幼儿进入该小学就读的实际情况，提出了“同一社区”概念，即建立以幼儿园为连接平台的三方合作共同体，然后引入“学期课程统整”的理念和思路，以学期为单位，研制大班幼儿语言、数学等方面的衔接教育实施方案，形成了“家、园、校三方合作开展幼小衔接的实践研究”课题，取得了可喜的成效。

教育是个亘古常新的话题。对于一些老问题，教师可以重新思考其产生的时代背景、新的内涵以及不同寻常的解决问题视角等，就可能从老问题中发现新的生机。

二、研究项目确定中易犯的毛病

发现和筛选出打算研究的问题以后，就要用文字把它简要、准确地表述出来。描述得越明白、具体，越有利于问题的梳理和解决。但我们也发现，教师在表述问题、确立题目时容易犯以下毛病。

1. 新意不够，简单重复

即选择研究的问题或研究角度没有新意，已经有很多现成的“答案”可以拿来应用，研究只是凭经验进行，简单重复痕迹严重，没有在某一方面有新的突破。

【案例 1】　区域活动中材料投放有效性的实践研究

分析：

材料投放是幼儿教师经常关注的内容之一。但是，只要随便进行网上搜索，关于“材料设计与投放适宜性”“材料投放策略”“材料投放方式和有效性”“材料的收集与投放策略”“数学区材料投放的问题分析及对策”等论文非常多。如果只是凭经验和常规方法进行材料投放有效性研究，就很有可能是简单重复别人的脚印，所最终获得的解决问题的措施、方法基本上可以找到现成答案，因而没有太大必要再进行重复劳动，把相关结论拿来进行应用而没有自己的独特设计。

【案例 2】　幼儿生活自理能力培养的研究

分析：

幼儿时期，是培养生活自理能力的关键时期。如何培养？也有大量来自一线教师的经验总结。本课题可以作为研究专题，但是从题目中看不出培养理念、培养方法有何独到之处，因而该课题显得比较朴素、平淡。

2. 范围笼统，无从入手

就是指研究的范围太大，研究的问题宽泛、模糊，涉及的内容繁多，研究对象和研究方法不明确。

【案例1】 引导非专业教师发展的研究

分析：

随着入园高峰的到来，大量非学前教育专业教师充实到幼教队伍中来，关注这些教师的专业发展，有强烈的现实意义。但上述题目表述非常模糊，"非专业"是指非学前专业还是非师范专业？"教师"是指哪一个学段的教师？"引导"的抓手是什么？"发展"是指什么方面的发展？这个题目让人一头雾水，不知所云。

【案例2】 幼儿园环境创设的实践研究

分析：

依据不同的划分标准，环境可以分为物质环境、心理环境和人文环境，也可以分为室内环境和室外环境等。本课题中的"环境"到底是指幼儿园哪些方面？研究对象是哪个年龄段（小、中、大班）幼儿？环境创设的侧重点在哪里？是否有和以往环境创设不一样的视角和方法？这些从题目表述中都看不出来，问题显得模糊和宽泛，就不知道从哪个角度去操作落实。

3. 问题狭窄，意义不大

即研究的问题属于个别的、特殊的教育现象，仅仅对于某个对象适用，而对面上的教育不具有普遍意义。选题要有价值，必须是选取有代表性、被大家普遍关注、亟须解决但又没有得到很好解决的问题。范围太窄，研究的价值和意义就会受到影响。

【案例1】 帮助××幼儿走出自闭症阴影的研究

分析：

某幼儿的特殊行为表现属于个别现象，对于其他幼儿不具有普遍适用性，因此，这类课题可以作为教师自己的个案或专题进行个案的追踪研究，或作为某一课题的子课题进行研究。

【案例2】 ××幼儿园教研专题制定的实践研究

分析：

题目中并没有说明该幼儿园代表哪种类型，如果只是局限于个别幼儿园所面临的特定问题，并不能对其他幼儿园提供借鉴和参考，那么，该题目只能作为园内的专题进行研究，以澄清教研专题制定中的困惑，但很难在更大范围内得到其他幼儿园认可。

4. 难度太大，可行性差

即在现有条件下很难进行，完成研究的条件不具备、不成熟。俗话说，凡事要量力而行。选择什么样的问题进行研究，必须考虑幼儿园现有的基础和内部、外部各方面的条件，不能凭一腔热情行事。

【案例 1】 蒙台梭利教育本土化开发与实践研究

分析：

蒙台梭利教育以其独特魅力风靡全球，蒙台梭利幼儿园或蒙台梭利班在我国也遍地开花。但是，如果要将其进行本土化开发，必须拥有完整的教具，尤其是具备受过良好蒙氏训练的教师。只有一所或几所幼儿园搞，也不具有代表性，参与的幼儿园必须达到一定的数量（如 30 所以上）。因此，一所幼儿园要做这方面的课题，是不切合实际的。

【案例 2】 现代信息技术在幼儿园有效应用的实践研究

分析：

现代信息技术有效应用的前提，必须是拥有这些设备。如果幼儿园连最基本的现代信息技术设备（如计算机、投影仪、摄像机等）都没有的话，根本谈不上有效应用的问题。

5. 经验之谈，并非课题

即对课题的表述方式口语化，是感想式、问题式的表达，不属于课题的表述方式。

【案例 1】 幼儿生命教育——幼儿一日生活中的安全教育

分析：

该题目有主标题和副标题，但问题的表述泛化。没有明确指出要重点解决什么问题，表述方式更像论文的题目，但不适合做科研题目。

【案例2】 幼儿园如何开展亲子野趣活动

分析：

是提出问题的表述方式，在科研题目中，“如何”两字不能出现，其含义包含在“研究”之中。

科研题目该怎样表述？后面的章节将会详细介绍，这里不再赘述。

三、科学选题的解决办法

1. 查阅资料，了解所选问题的价值

进行课题研究必须要做的重要工作，就是查阅文献资料，这是因为：判断选题是否值得研究、从什么角度切入研究才有新意以及关键概念的界定等，都需要通过查阅文献资料才能了解和把握。

【案例1】 某园准备做“幼小衔接”课题之初，为了找到研究的适切角度，通过互联网的搜索引擎，从网上找到了很多幼小衔接的论文。他们还查阅了《学前教育研究》《幼儿教育》《上海托幼》《早期教育》等期刊和学前教育专业书籍等，收集和整理了幼小衔接的情报资料。经过对情报资料的归类和分析后发现：以往的研究中，多是幼儿园单方面地组织开展幼小衔接工作，与小学和家长有实质内容的互动很少，而且多集中在教育内容、教育方法、作息时间调整、环境创设等表层方面，缺乏深度的探索。于是，幼儿园将课题题目定为“家、园、校三方合作开展幼小衔接工作的实践研究”。

【案例2】 某园作为上海市示范性涉外幼儿园，拥有一批思想开放、观念新，兼备中西文化背景的中外家长群。这些家长不仅对孩子的教育有选择、设计和决策的自主意识，而且非常希望参与到幼儿园的教育和管理中，协助幼儿园、教师，为促进幼儿发展这一共同目标而努力。

经过广泛收集和查阅资料后发现，家长参与学校管理已是发达国家的普遍形式。无论是美国、德国、法国等欧美教育发达国家，还是日本、韩国、中国香港地区等亚洲国家和地区，都以立法等手段，明确了家长参与学校管理的权利和义务，各种形式的家—园合作组织机构都采取了多种手段和措施，来保障家长参与幼儿园管理的权利。在我国，尽管有各种法律、法规明确了家长工作的重要性，但在实际中，幼儿园争取家长参与教育的占绝大多数，参与管理的则普遍流于形式，封闭办学的“一言堂”现象非常普遍，家长对幼儿园的管理职能主要体现在知情权上，而决策权、管理权、监督权很少，评价权更少。虽然越来越多的教育工作者也意识到了将家长引入幼儿园管理的必要性，并开始着手实践研究，但类似的实践缺乏系统和实质性的推进。

在世界先进教育理念推动下，依据本园实情，该幼儿园认为：幼儿园管理应该走出封闭办学的旧有模式，赋予家长应有的权利，让他们知情、参与、监督、评价，形成具有中国特色的家长协同参与幼儿园管理的经验和总结，使教育适应国际化发展趋势，教育管理与国际接轨。因此，幼儿园确立了“现代学校制度下家长协同参与幼儿园管理的实践研究”，被立项为上海市级课题。

由此可见，通过查阅文献资料，研究者可以了解以往别人的研究现状，确定自己选定的课题是否有别人做过？是从什么角度进行研究的？做到什么程度、什么规模？已取得了哪些经验、有什么教训？还有哪些问题没有解决或没有涉及？只有了解了这些情况，才知道自己从什么地方进行研究有价值和新意，从而避免简单、重复劳动。

2. 反复斟酌，准确表述课题的题目

幼儿园教师在确定要研究的问题后，需要努力使它们具体化，即用文字把课题名称准确、清晰、具体地表述出来。这是因为：科研题目，是课题最集中的表现，是整个课题的灵魂。题目的好坏，往往决定了课题的受关注程度和命运。在现实中，有很多课题就是因为题目表述不当而被放置一边，十分可惜。因此，对题目一定要反复琢磨、准确表述。

【案例1】 同样针对"教师专业化发展"这一问题，某幼儿园园长发现：作为第一线的青年教师，每天都在园中进行半日活动，但是由于专业化水平的低浅，他们并不真正清楚半日活动对儿童发展的价值和对自己专业成长的意义。课题组查阅了大量提高教师专业化发展的情报资料，发现：关于如何关注半日活动中教师的行动方式、如何提高半日活动中教师的教育能力进而促进教师专业化发展的成果很少。这也凸显了课题研究的现实必要性。经过反复斟酌，该课题最后表述为：以半日活动为载体，提高非学前教育专业教师专业化能力的实践研究。研究的抓手（半日活动）、研究内容（半日活动、提高非学前教育专业教师专业化能力）和研究的方法（实践研究）简洁、明了，实实在在，便于操作。

【案例2】 环境对幼儿发展起着非常重要的作用。而环境要成为有效影响幼儿发展的条件，必须让幼儿通过自身与环境互动，建构新的认知，获得新的经验积累。某幼儿园在实现"打造幼儿科技启蒙教育乐园"的办园目标进程中，对"创设适宜的科技启蒙教育空间学习环境，有助于帮助幼儿积累科技知识、提升科技实践能力、形成科技素养"有着更加深刻的认识。因此，某园通过对幼儿园公共空间、区域空间、专用活动室等空间学习环境的创设研究，使幼儿学习的场所从教室扩展到走廊、操作室、餐厅、校园等不同空间中，为幼儿提供开放灵活的，满足幼儿社会成长需要的，能够使幼儿在环境中感受、体验、探索科技教育乐趣的学习环境。即着重研究幼儿科技启蒙教育空间学习环境如何创设。经过细致的思考和斟酌，该课题的题目确定为：幼儿科技启蒙教育空间学习环境创设的实践研究。研究的范围（幼儿）、研究内容（科技启蒙教育空间学习环境创设）和研究的方法（实践研究）非常明确、具体，推广价值较大。

由上可见，对于科研题目，一定要字斟句酌、反复考虑，要力求做到：准确、简明和醒目，尽可能体现研究对象、研究范畴（内容）及研究方法，不宜过长，一般不超过25个字。准确，就是课题名称要把课题研究的问题（研究内容）是什么，研究的对象是哪些人以及主要采用何种研究方法交代清楚。简明，就是简单明了、言简意赅，不啰唆；醒目，就是有新意，吸引读者。

科研题目还有一定的表述格式要求，一般的语法结构为：

……的实践研究/……的实践与研究

……的调查研究/……的现状调查与对策研究/……的问题与对策研究

……的案例研究

……的行动研究

……的研究

3. 量力而行，预期研究所需的条件

俗语说：凡事要量力而行。只是对于课题“为什么研究”“研究什么”“怎么研究”考虑得非常详尽、具体还不够，课题要取得成功，必须考虑课题的现实可行性，即“能不能研究”的问题。课题再好，如果没有研究的内、外部条件，也难免落空。

【案例1】 某项课题为“幼儿园办园成本现状及指标体系构建的研究”。由于办园成本涉及很多会计、财务等方面的专业知识和数据，技术性和保密性都比较强，如果没有相关的专业背景、行政领导的支持或懂财务的人力资源，恐怕很难开展研究。因此，研究一定要结合自身的优势经验、在自己力所能及的范围内确立课题，这样比较容易开展研究工作和实现既定的研究目标，否则就会觉得困难重重，可能半途而废。

【案例2】 有项“幼儿园科学玩具和实验器材配置适宜性与使用的研究”课题。科学玩具和实验器材的购置，需要一定的经费作为顺利开展保证。实际上，任何课题都需要一定的经费投入，这是研究实施的必备条件之一。此外，课题研究经费还包括：信息资料费，复印纸张费，专家咨询费，录像、摄像设备费，交通费，组织活动费，各项会务费等。

一项课题研究，往往需要一个团队优势互补、共同努力才能做好。确立课题时，必须考虑到完成研究的条件，如现有的研究基础、课题组的人员结构、内部和外部的专业资源、已有的设施设备以及必要的经费保障等。

思考题

1. 请试着确定一个课题，并说明该课题是怎么产生的？

2. 请运用学过的知识，对某一课题名称进行分析，说明好在哪里，不足之处在哪里。

第二节　关键概念的梳理界定

阅读完本节，希望您弄清楚以下问题：

☞ 什么是关键概念？

☞ 怎么找出关键概念？

☞ 怎么界定关键概念？

一、关键概念的内涵

所谓关键概念，有时也称关键词（keywords）或主题词，就是用来反映研究主题内容或信息的词或词组。它是整个课题最关紧要的概念，对课题研究起决定作用。例如，“在积极有效的师幼互动中促进教师教育行为变化的研究”课题中，“积极”、“有效”、“师幼互动”、“行为变化”是整个课题的重点，“积极”、“有效”规定了互动的本质特征，“师幼互动”表明了研究的主要内容，“行为变化”则指出了研究的出发点和归宿，这四个概念表明了研究的特定对象（幼儿教师与幼儿之间的互动）、研究内容的性质特点（积极、有效）以及研究的主要目的（促进教师教育行为变化）。整个研究都围绕着“师幼互动”问题展开，教师与幼儿互动的现状是怎样的？评价互动好与不好的指标有哪些？教师与幼儿怎样互动才符合教育培养目标等？诸多内容都与这四个概念有直接、密切的关系。因此，它们就成为该课题的关键概念。

再如，课题“普特融合幼儿园中对障碍幼儿分和教育研究”。从题目上来看，“普特融合”反映了本课题的研究背景条件与一般幼儿园有很大不同。在这一特定条件下，怎样对障碍幼儿实施科学的教育？“分和教育”成为研究者解决问题的重要抓手。那么，什么是“分和教育”？怎样实施“分和教育”？实施“分和教育”的效果怎样？整个课题的操作实施都和“普特融合”和“分和教育”这两个概念密切相关，研究条件和研究内容的独特之处，也是通过这两个词组反映出来。所以，“普特融合”和“分和教育”就是该课题的关键概念。

每项课题的关键概念一般有3～5个，大部分从题目中抽取，也有的是从小标题、正文里抽取能反映课题主要特征的、通用性强的、为同行所熟知的词或组合词。无论哪一种情况，都要标注单一的概念，即一个词或词组，不宜使用复合概念，即由三个以上（不包含三个）的词连接起来作为关键词。例如，在“普特融合幼儿园中对障碍幼儿分和教育研究”中，“普特融合”“分和教育”就是从题目中抽取词组作为关键概念，但不宜用“对障碍幼儿分和教育”或“普特融合幼儿园实施分和教育”这样的复合词作为关键概念。

再如：“区域性推进幼儿园教育品牌创建的研究与实践”，研究者抽取了“区域性”“幼儿园”“教育品牌”三个单词作为关键概念。“区域性”表明了研究的范围和力度，“幼儿园”说明了“教育品牌”的特定学段，“教育品牌”则是研究的核心概念，指出了研究的特定内容。如果抽取“区域性推进幼儿园教育品牌创建”这样的复合概念就不太适宜，这是因为：关键概念不仅要清楚地提示研究的主题内容，还应考虑这些关键概念是否有助于网上检索。而人们习惯于输入一两个单词（即关键概念）进行网上检索，而不是一串词组。

二、关键概念梳理的办法

一项课题使用的概念有很多，单从题目来看，一般不超过25个字，但也有十个左右的词或词组，具体到全部课题内容，涉及的概念就更多了。那么，怎样梳理关键概念呢？下面，我们先举例来说明。

【案例1】 区域性推进幼儿园教育品牌创建的研究与实践

通过逐字逐句地阅读课题名称，可以看出：该名称由以下词组构成：区域性、推进、幼儿园、教育、品牌、创建、研究、实践。课题拟解决的主要问题是“如何区域性推进幼儿园教育品牌的创建”。对于整个研究来说，最核心、最重要的概念有：区域性推进、品牌、教育品牌、幼儿园教育品牌、创建。对这几个概念如果理解不准确或者不清晰，将影响到整个课题的具体实施。结合课题要解决的主要问题，对这几个词再次推敲：“品牌”“教育品牌”和“幼儿园教育品牌”是相互关联的概念，内涵逐一缩小、聚焦，其中“教育品牌”是几个概念的重中之重；“幼儿园”是“教育品牌”的修饰语，说明了“教育品牌”的特定范畴；“区域性”则指出了“教育品牌”创建的力度和范围。这三个概念对于如何理解和操作整个课题至关重要，必不可少，其他概念如“推进”“品牌”“创建”等可以放在正文中说明。因此，该课题的关键词有：区域性、幼儿园、教育品牌。

【案例2】 普特融合幼儿园中对障碍幼儿分和教育研究

首先，同样要逐字逐句仔细阅读课题名称，发现该课题名称主要由以下词组（概念）构成：普特融合、幼儿园、障碍幼儿、分和教育、研究。而该课题要解决的主要问题是：如何在普特融合幼儿园中对每一个障碍幼儿进行分和教育以适合其发展。本课题的特定范围是普特融合幼儿园，研究对象是障碍幼儿，研究内容是在这一特定范围和特定对象（障碍幼儿）条件下如何实施分和教育。那么，什么是普特融合？分和教育是什么样的教育？这两个概念成为理解整个课题的关键所在。研究的成功与否，都和这两个概念密不可分。因此，该课题的关键概念是：普特融合、分和教育。

由案例1、案例2可知，关键概念的梳理，离不开研究者对题目的反复研读和斟酌，因为题目是课题研究的高度浓缩，是整个课题的最集中体现，反映研究主题内容或信息的关键概念往往会直接出现在课题题目中。从题目中抽取关键概念，是最常用的方法，通常经过以下三个思维过程：

1. 研读课题名称，逐一解读题目的文字

即反复阅读课题名称（包括大标题和小标题），对构成课题名称的词或词组逐一解读，弄懂各个词或词组的含义。

2. 按照重要程度，从中筛选出若干词汇

构成题目的词或词组在研究中的重要性是不同的，依据课题要解决的主要问题，筛选出最能体现研究主题或信息的若干个词或词组，依次排列，排除掉那些课题通用的词或词组，如“基于”“研究”等。

3. 对照研究重点，确定影响破题的概念

即对照研究的主要内容，再次进行筛选，找出 3～5 个最能体现课题亮点或特殊性的词或词组，即为关键概念。

此外，除了从题目中抽取，关键概念还可以从正文中筛选。有些概念虽然在题目中没有出现而是放在正文中，但它对整个研究有直接、重要的影响甚至起决定作用，这样的概念同样要作为关键概念予以具体的界定或解释，见下案例。

【案例】 现代学校制度下家长协同参与幼儿园管理的实践研究

除了从题目中找出“现代学校制度”“协同参与”“幼儿园管理”等关键概念之外，课题组考虑到家长必须在一定的管理组织之下，才能行使协同参与幼儿园管理的权利，因此，幼儿园建立了“家长教师委员会”这一新型家园合作组织机构，家长协同参与幼儿园管理的内容、方法、制度等，都与这一组织机构直接相关。而该概念是放在正文中的。因此，本课题的关键概念为：现代学校制度、协同参与、幼儿园管理、家长教师委员会。

关键概念还可以从摘要中抽取，但由于摘要在总结阶段才会涉及，这里就不再赘述。

三、如何界定关键概念

由于不同研究者看待问题的角度和解决问题的思路不尽相同，对于同一个名词术语，常常会出现“仁者见仁，智者见智”的现象。因此，为了避免他人对自己所研究的问题在理解和接受上产生歧义，造成认识和观念的不统一，很有必要在制定研究方案时就对本课题的关键概念进行明确、清晰的定义。

【案例】 在积极有效的师幼互动中促进教师教育行为变化的研究

关键概念界定：

“互动”也称相互作用，是指在一定社会背景与具体情景之下，人与人之间发生的各种形式、性质、程度的心理交互作用或行为的相互影响。其实质是两个不同主体间相互的行动、行为。

“师幼互动”是指在幼儿园一日生活各环节中，师幼间发生的各种形式、性质、程度的心理交互作用或行为的相互影响。其包括互动时机、互动主体、互动内容、互动行为、互动形式、互动效应及事件发生的背景等。

“积极”是指师幼双方在互动过程中表现出的主动意识和互为主体的信息交流与情感沟通状态。

“有效”是指师幼互动过程中消除师幼盲目发起的消极互动，倡导师幼主动发起有价值的互动，进而促进师幼情意发展，达成活动目标。

“积极有效的师幼互动”既包括教师根据活动需要和幼儿实际，向幼儿个人或群体发起或回应的有价值的互动，也包括幼儿个人或群体向教师发起或回应的有价值的互动。

“教师教育行为变化”是指通过积极有效的师幼互动，教师内隐和外显的教育教学行为，由低一层次表现向高一层次表现转化，得到巩固后再向高一层次表现转化，不断改善，达到优化。

由上述案例可见，研究者分别用了三种方法来解释关键概念：

1. 引用权威言论

即对于一些基本的、通用性强的、同行熟知的概念，引用已获得公认的、权威的言论加以解释，使大家在基本共识的基础上来讨论问题，避免不必要的歧义。比如，对于“互动”这个最基本的概念，研究者引用了社会学以及心理学理论研究给出的解释，这种解释经过了专业研究人员的打磨，获得了大家的基本认同，不会引起太大的争议。教师可以通过查阅《辞海》、专门的教育辞典以及权威的专业书籍等，来获得课题中某一基本的关键概念的解释或界定。

2. 演绎权威言论

即在把握权威专家对某些概念本质内涵界定的基础上，根据特定的研究问题，适当地对权威言论进行展开、具体的描述，从而来解释说明某一关键概念。例如，对于“师幼互动”，研究者就是在把握“互动”本质内涵（两个不同主体间相互的行动、行为）的基础上，根据师幼互动的特殊性，把权威言论进行适当的延展或具体描述，从而对关键概念做出更加具体、贴切的解释。这是一种比较常用的解释关键概念的方法。因为，权威言论可能对某些单一的重要概念做出了解释，但不可能涵盖所有概念。如果关键概念由词组构成，词组中的某个词能够通过广泛查阅相关工具书或学术专著加以解释，那么，含有该概念的词组就可以用这种办法来界定。

3. 自定义

即自己对关键概念进行自圆其说式的解释说明。有些概念，无法引用或套用某些权威言论，或者自己有不同一般的理解和解决问题的方法，那么，研究者也可以自己给课题中的关键概念做出自圆其说式的解释说明。例如，对于“有效”，可谓仁者见仁、智者见智。研究者根据其关键特征（相对某一目标实现而言），结合特定研究对象（师幼互动），适当地给出了自己的解释：“有效”是指师幼互动过程中消除师幼盲目发起的消极互动，倡导师幼主动发起有价值的互动，进而促进师幼情意发展，达成活动目标。对于什么是“积极有效的师幼互动”？研究者根据自己对于师幼互动问题的理解，从互动的产生背景（根据活动需要和幼儿实际）、发起互动的主体（既包括教师，也包括幼儿）、发起互动的范围（个人或群体）以及互动的属性（有价值的）等方面综合考虑，用自己的语言对这一概念进行了界定。再如，对于“教师教育行为变化”，到底教师的教育行为朝什么方向变化？每个人都有不同的见解。本研究人员结合“在积极有效的师幼互动中”这一特定研究内容，从行为变化的内容、变化的趋势等方面给出了自己的解释。大家给课题的关键概念进行界定，一定要注意有理有据、能自圆其说。

思考题

1. 请找出你自己或幼儿园承担课题的关键概念。
2. 解释关键概念有哪几种方法？请举实例说明。

第三节　在他人研究基础上的“巨人”

阅读完本节，希望您对以下问题能有所了解：

☞ 收集文献情报资料的途径有哪些？
☞ 如何处理收集到的文献情报资料？
☞ 如何将收集到的文献情报资料为我所用？

人类在漫长的发展历史中，留下了浩如烟海的文献情报资料。尤其是随着计算机的普及，很多教育改革和研究的成果可以全世界共享。要提高研究的质量，必须打开眼界，了解他人的研究成果，做到“知己知彼”，才能找到自己的准确定位，博采众长，避免重复劳动，提高教育研究的科学性。

一、什么是文献研究

文献研究也称情报研究、资料研究或文献调查，是指对教育科学文献、情报或资料的检索、收集、鉴别、整理、分析并进行研究的科学研究方法。[①] 它是开展教育科研的最基本方法之一。

1. 几个基本概念

文献：是指“已发表过的，或虽未发表但已被整理、报导过的那些记录有知识的一切载体”[②]。具体包括古今中外用文字、图像、符

① 胡育．学前教育科研方法指导［M］．上海教育出版社，2005：51．
② 国家标准局．文献著录总则 GB3792.1-83．中国标准出版社，1983．

号、声频、视频等记录知识、传递信息的一切形式，如书籍、期刊、研究报告、手稿、录音、摄像等。

情报：是指“一切最新的情况报导，如科学技术等”①。情报反映了各个领域中的最新知识、最近情况和最新趋势，其主要特点就是“新”，如新闻报道、研究动态等。

资料：是指“为工作、生产、学习和科学研究等参考需要而收集或编写的一切公开或内部的材料，通常指书报、期刊、小册子、简讯、汇编、图表、图纸等”②。

综上所述，文献研究涉及的范围，既可以是古今中外的古老文献，也可以是最新的教育动态，还可以是教师的观察记录、反思、随笔及幼儿作品等。进行文献研究的前提，是收集与课题有关的文献情报资料，更重要的是对其分析、整理和为我所用。

2. 文献的分类

根据文献资料的性质、内容的加工方式及用途的不同，可分为以下四种。

零次文献：指某些事件、行为、活动的当事人所撰写的第一手资料，如个人日记、教师日志、自传、信件、手稿、笔记和幼儿园、团体、学会等撰写的会议记录、纪要、备忘录、卷宗等，或当初虽未记录但后来进行加工、整理而发表的文章如专家点评、领导发言等。

一次文献：指未经加工的原始文献，如专著、科学论文、研究报告、政策、法规等，是离事实最近的文献资料。

二次文献：指对一次文献进行加工、提炼、压缩后得到的文献。如书目、索引、摘要、文摘、题录等，它为文献检索提供了线索。

三次文献：指对前两类情报分析、概括后撰写的参考性文献，如综述、进展报告、专题报告、专题述评、辞典、年鉴、手册等。这类文献并不产生新知识和新技术，但概括性强，覆盖面广，信息量大，具有综合性和参考性作用。

文献研究，主要通过二次文献、三次文献的检索，了解情况，发

---

① 夏征农主编. 辞海 [M]. 上海辞书出版社，1979：1991.

② 夏征农主编. 辞海 [M]. 上海辞书出版社，1979：3286.

现线索，然后再去查找一次或零次文献，其中专著、研究报告、情报综述等他人研究成果最具有参考价值。

二、文献情报资料的收集

（一）检索的工具

根据收集文献所用载体的不同，可分为计算机检索工具和印刷型检索工具两大类。

1. 计算机检索工具

（1）上网搜索

就是利用联网的计算机、手机等检索终端，直接从国内、国际的检索系统数据库中查找所需资料的方法。这种方法具有检索速度快、内容广、信息新等优点，是收集他人研究成果的首选途径。只要找到搜索引擎，然后在方框空白处输入要查找资料的关键词，搜索引擎就会自动查找出含有该关键词的信息清单——包括经验总结、新闻、研究报告等。再单击进去，有时能找到含有该关键词的全文，当然，有时也会遇到无法打开或没有真正有价值内容的情况。

【案例】 开展“现代学校制度下家长协同参与幼儿园管理的实践研究”课题时，要了解什么是“现代学校制度”，就可以登录联网的计算机，打开百度搜索引擎，然后在其页面的检索框内键入“现代学校制度”，单击旁边的“百度一下”，含有“现代学校制度”的论文、新闻、专著、评论等就会自动跳出，再将光标停在想看的标题处，单击，通常会跳出全文。

主要检索网址推荐：

百度网：http://www.baidu.com

（这个网址是目前两个最常用的搜索引擎之一（另一个是谷歌http://www.google.com.hk），只要输入要找研究成果的关键词，有关情报资料就会一一列出，继续单击，就能看到详细情况，有的甚至能打开全文。下载或打印自己认为有价值的资料即可。）

中国学前教育网：http://www.preschool.net.cn

上海学前教育网：http://www.age06.com

中国知网：http://www.cnki.net

中国教育科研网：http://www.cernet.cn

中国期刊网：http://www.chinajournal.net.cn

中国出版物之窗：http://www.cibtc.cn

中国基础教育网：http://www.cbe21.com

华东师范大学图书馆：http://www.lib.ecnu.edu.cn

北京师范大学：http://www.bnu.edu.cn

中国人民大学书报资料中心：http://www.confucius.cn.net

北京图书馆：http://www.bta.net.cn

（这些网址是国内比较有影响的教育情报资料中心，只要键入关键词，就可以浏览相关成果。图书馆网站通常还有网上购书功能，通过注册登记，还可以买书，会送货上门。）

联合国教科文：http://www.unesco.org/unesco（英文网站）

美国教育部：http://www.ed.gov（英文网站）

（这是两个国外的英文网站，懂英语的老师可以通过浏览，了解其他国家的有关研究成果及最近进展。）

（2）计算机数据库光盘检索

计算机还可以将各种信息资料以数据库形式存储在光盘等存储器中。根据不同的存储数据，数据库可分为以下两种：

参考数据库：即书目数据库，可提供文献资料的线索和内容摘要。一般的省/市、区图书馆、师范大学资料室、教育学院图书资料中心（图书室）等，会有这样的计算机检索系统。教师可以通过进入该检索系统来检索库藏的图书、专著、期刊等，非常方便、快捷。

文献数据库：也称全文数据库，是将整篇文章、资料甚至整本书、整套丛书输入计算机或刻录在光盘上。通常支付一定费用后，可以直接见到资料的全文。

2. 印刷型检索工具

主要通过手工检索信息，主要有以下几种：

（1）索引

即根据一定的需要，把特定范围内的某些重要文献中的有关信息名称（如书名、刊名、人名、地名、主题等），按照一定的方法编排，并指明出处、提供文献线索。常用的索引类型有：分类索引；主题索引；关键词索引；著者索引等。例如上海图书馆编辑出版的《全国报刊索引》、人大书报资料中心编辑的《复印报刊资料索引》、中央教科所图书资料室编印的《中文报刊教育论文索引》等。

（2）目录

即汇总一批相关的图书或出版物，并按一定次序编排而成的一种工具。其汇总项目一般包括：文献名称、作者、卷册、版本等，有的还有简短介绍。如《全国总书目》《全国新书目》等。

（3）文摘

即将文献的主要内容简明、确切地摘取出来，并按一定摘录规则和编排方式系统地编辑起来，以提供文献内容梗概、基本信息为目的。如《新华文摘》《国内外教育文摘》等。

教师还可以向本地区的科研部门了解：是否有优秀科研成果集？如上海市教育委员会每三年一次组织全市性的教育科研成果评奖，然后将获奖的优秀科研成果摘要集结成册。查阅这些成果集，就可以了解上海三年内教育同行关注的重点、热点及研究的现状。

（4）工具书

就是通过查阅百科全书、辞典等工具书来获得某些知识。如要了解某个或某些概念的权威解释，就可以查阅综合性的《中国百科全书》《美国百科全书》，或专科性的《心理学百科全书》《教育学百科全书》《教育大辞典》《国际教育百科全书》等。

（二）收集文献情报资料时易发生的问题

1. 收集无果

幼儿园教师也通过上网、查阅期刊等进行了查找，但是没有找到自己需要的文献资料。例如，某幼儿园进行“家园合作的运行机制研究”，但查来查去，就是没有“运行机制”的文献资料。

2. 舍近求远

一是没有用好附近的现成资源，而是跑到很远的地方去找。现在的计算机都是联网的，本园或本区的资料室、图书馆与市图书馆都是资源共享的。如果用好身边的资料，就可以省掉很多花在路上的时间和精力。二是没有规划好查找的时间，比如先从年代较远的资料找起，费了半天力气，可能找到的是早已过时的资料。

3. 重复查找

对课题组成员谁具体查找什么方面的资料没有做好人员的分工与记录，导致查找的资料重复现象严重，有用的不多。

4. 以偏概全

只是查找了某一方面的资料，但不能反映研究的整体情况。

5. 资料堆积

对找来的资料不知怎么用，堆在一边，基本没有发挥作用。也没有人进行管理。

（三）收集文献情报资料的原则

1. 由小及大

就是先将检索的范围缩小一点，然后再逐渐扩大。先把查找的范围精确设置，可能找不到所要的资料，但随着适当扩大范围，一般而言，总能找到一些文献情报资料。否则，在信息的海洋里很容易迷失方向，增加检索的时间和精力。例如，课题“促进幼儿教师自主发展的支持策略研究”，检索的范围可由小及大——促进幼儿教师自主发展的支持策略研究——促进教师自主发展的支持策略研究——促进教师自主发展的策略研究——促进教师发展的支持策略研究——促进教师发展的策略研究——促进教师发展的研究。

2. 由近及远

首先是充分挖掘和利用身边的资源。如幼儿园或家里有联网的计算机，本园或周边学校的图书资料室，本区的图书馆或资料中心等，由近及远地去查找，实在没有，再到远的地方。其次是查找文献情报资料的年代，可由当今至过去、由国内至国外地进行收集。例如可从距今三年或五年起的文献情报资料查阅，然后再查阅更远时间的文献。

3. 分工合作

如果是两个人以上负责收集文献情报资料，那么一定要进行合理分工，如2～3人一个小组，按照检索工具的不同（计算机和印刷物）、检索载体的不同（书籍和期刊）、或出版物所在的区域不同等进行明确的分工负责，这样，大家能在短时间内收集到较广范围的文献情报资料，避免了重复劳动，提高了收集效率。

4. 权威优先

现在的文献情报资料尤其是网上资料，存在着鱼龙混杂的现象。为了提高研究的可信度和说服力，对于同一类文献情报资料，应优先考虑出自权威专家或权威出版社、核心期刊的资料。

5. 双管齐下

利用互联网和数据库等工具，使得查阅文献情报资料变得便捷、迅速，我们要充分利用。但是，网络资源也有其不足，例如，只有电子化的文献情报资料才有可能查得到，有些文献情报资料的权威性不够等。因此，必须把利用计算机检索和印刷型检索工具结合起来使用，才能达到取长补短，保证文献情报资料收集的全面性。

（四）收集文献情报资料的步骤

文献检索是一项实践性很强的活动，它要求我们善于思考，并通过经常性的实践，逐步掌握文献情报资料检索的规律，从而迅速、准确地获得所需文献情报资料。一般来说，文献情报资料检索可分为以下四个步骤。

1. 分析课题所涉及的概念

查找文献情报资料前，首先要做的一件事，就是对拟开展的课题题目进行仔细分析，找到课题所涉及的关键概念。例如“促进幼儿教师自主发展的支持策略研究”课题，通过对题目进行逐一的深入分析，确定了“教师”“幼儿教师”“发展”“自主发展”“支持策略”等为课题所涉及的关键概念。据此“按图索骥”，就可以找到文献情报资料检索的线索和大致范围。

2. 明确检索目的和要求

就是查阅文献情报资料前，还要想好并确定文献情报资料检索的目的和应达到的要求。仍以“促进幼儿教师自主发展的支持策略研究”课题为例，课题组成员要弄明白“为什么要查找这些文献情报资料?”“希望达到什么目的?”——扩大视野，了解他人的研究视角和水平，找到自己的准确定位，避免重复劳动；博采众长，提高教育研究的科学性。“查找的文献情报资料要符合什么要求?”这就要求全面、科学、准确、出处清晰、信息较新（从近10年查起）等。

3. 选择检索工具和途径

就是选择、确定所使用的查找文献资料的工具、查找的途径。如进行网上查找时，要确定查哪些搜索引擎或网址。使用索引、目录等工具时，要确定检索哪些索引和报纸杂志目录、有哪些便捷的检索途径、从何入手开始检索、哪些人参与检索、如何进行分工合作等。

4. 实施检索并索取原文

即根据关键词、著者等线索，进行文献情报资料的检索，然后尽可能查阅原始文献，下载保存或复印，同时一定要及时注明出处。

三、分析和利用文献情报资料的方法

（一）文献情报资料的整理和分析

1. 通览资料，了解全貌

通常，收集来的文献情报资料包含范围比较广，既有自己限定范围内的国内外研究成果，也有超出自己预想范围的相关成果；既有与自己观点一致的资料，也有与自己想法有出入或者相悖的资料；既有中文资料，也有外文资料（可能比较少)。因此，有必要先将所有资料过目一遍，以便把握全貌，对资料获得整体的了解。如“促进幼儿教师自主发展的支持策略研究”中，研究者在收集资料结束后，就把所有资料浏览了一遍，做到自己对总体上的资料数量和质量心中有数。

【案例】 “婴幼儿入园初期情绪性行为特点及其适应性研究”研究之初，课题组通过上网搜索、翻阅人大复印资料（学前教育版)、浏览《儿童心理学》专业书籍、查阅《上海托幼》《幼儿教育》《早期教育》《学前教育研究》期刊等方法，收集了大量来自于理论和实践工作者有关入园初期行为表现及教育的文献资料。之后，课题组对所有资料进行了通览，了解了所收集资料的总体情况。

2. 去伪存真，初步筛选

针对收集的文献情报资料可能良莠不齐的情况，需要对原始资料进行一番去粗取精、去伪存真的初步筛选，剔除那些明显不符合科学常识、没有什么研究含量以及内容简单、重复的资料，找出对自己有较大启示、借鉴价值的成果，为下一步的归类分析排除干扰。如“婴幼儿入园初期情绪性行为特点及其适应性研究”中，研究者就去除了大量同属经验性的、有重复性质的资料。

3. 提出类别，进行归并

由于有关研究成果的内容散见于多篇论文之中，无法方便、快捷地进行比较、分析，故此，有必要对所收集的文献情报资料按照内容进行分类，并将属于同一类别的文献情报资料进行归类。然后，再把文献情报资料进行复印、剪裁，属于同一类别的内容放在一起，形成有关研究的情报专辑，为进一步的学习、分析和研究创造便利条件。

【案例】 “婴幼儿入园初期情绪性行为特点及其适应性研究”中，研究者根据材料的不同内容，提出了“概念、作用和意义、行为表现、教育对策”等类别，“教育对策”又具体化为“作息制度、家教指导、环境创设、饮食、家园合作”等不同类别，然后将同属一个类别的材料放在一起。

需要特别注意的是，一篇论文可能会被剪裁成若干部分，每一部分都要注明出处，如果没有，则需要手写补充上去。

4. 指出不足，创新视角

开展文献情报资料研究的最重要目的，是形成自己解决问题的新思路、新观点。通过查阅文献情报资料，研究者了解了以往别人的研究角度，研究程度，取得的经验、教训等，从中分析别人研究的不足，或者发现尚未解决的问题。由此切入所研究的问题，提出自己解决问题的独特思路或方法，更容易凸显研究的创新之处。

【案例】“婴幼儿入园初期情绪性行为特点及其适应性研究”中，经过对资料进一步分析研究后发现：幼儿园应如何与家庭配合，解决婴幼儿入园初期的适应性问题？理论工作者和一线教师都对此做过大量探索。比如，楼必生教授等人所做的“14～24个月幼儿入所时情绪变化的调查”、宗震芬教授所做的“2～3岁入托初期儿童情感教育研究”以及上海市曹杨新村第三幼儿园等基层单位开展的大量实践探索等。这些研究从初入托儿所儿童情绪变化的现象中发现问题、分析原因、寻找规律，为入园教育提出建议，对于缓解入园初期婴儿的分离焦虑有一定的借鉴意义。但是，已有研究资料存在以下不足。

(1) 对于区域内的婴幼儿入园准备情况缺乏实证了解，对家长的心理活动和指导需求凭经验行事，推广受到一定局限；

(2) 对托班和小班婴幼儿入园初期的心理特点缺乏深入研究。我们只能从理论书籍上找到极其简要的论述，对其表现特点、变化趋势等多数凭经验判断，缺乏实证性研究；

(3) 提出的教育对策经验性强，比较零散，实证性、系统性有待加强。

因此，研究认为：心理是教育的基础。要提高教育的有效性，必须了解教育对象的心理，并据此开展教育。行为是心理的外显表现方式，也是心理最主要的研究内容。而幼儿的行为受到情绪的很大影响。因此，本课题从婴幼儿的情绪性行为入手，采用客观地观察记录和案例分析的方法，对区域内（研究者本人是区层面研究人员）2～4岁婴幼儿入园初期的情绪性行为特征、在一日生活环节的表现特点以及发展变化的趋势等进行实证研究，并以此为依据，系统地总结、提炼有关经验，提出入园初期适应性教育对策，以期为幼儿园教师、家长提供深入、具体的操作性成果。

上述例子中研究者通过分析，发现已有研究成果存在三大不足，并提出了从“了解和把握婴幼儿入园初期情绪性行为特点”入手开展系统研究，从而凸显了本课题的理论价值和实践价值。

5. 整理分析，撰写综述

在对某一时间内、某一专题的大量原始文献情报资料进行收集的基础上，研究者还要对其中的数据、主要观点、动态、展望等进行归纳整理和分析提炼，写成论文，即文献综述。综述属三次文献，专题性强，涉及范围较小，具有一定的深度和时间性，能反映出这一专题的历史背景、研究现状和发展趋势。好的文献综述，不仅可以为课题研究奠定坚实的理论基础，也表明研究者对既有文献的归纳分析和梳理整合的综合能力，有助于提高对课题研究的总体评价。

撰写文献情报资料综述要注意以下几点。

（1）收集文献情报资料应尽量全。掌握全面、大量的国内外文献情报资料是写好综述的前提，否则，随便收集一点点文献情报资料就动手撰写，不可能写出好的综述。

（2）注意引用文献情报资料的代表性、可靠性和科学性。收集到的文献情报资料可能出现观点雷同，有的文献情报资料在可靠性及科学性方面存在着差异，因此在引用文献情报资料时应注意选用代表性、可靠性和科学性较好的文献情报资料。

（3）综述的条理要清晰，文字应通顺简练。要清晰地反映前人的主要研究成果、存在的问题及发展趋势等，语言应通顺、简明扼要，不能啰唆、重复。

（4）要有自己的观点和想法。综述并不是简单的文献情报资料罗列，综述一定要有作者自己的综合和归纳。有的综述只是将文献罗列，看上去像流水账，没有作者自己的综合与分析，使人看后感到重复、费解，材料与评述不协调。在提出、比较前人观点的同时，要明确自己的立场。

（5）引用要忠实文献情报资料内容。由于文献综述有作者自己的评论分析，因此在撰写时应分清作者的观点和文献情报资料的内容，不能篡改文献情报资料的内容。注意：文献情报资料综述的作者引用间接文献情报资料的现象时有所见。如果综述作者从他人引用的参考文献转引过来，这些文献在他人引用时是否恰当，有无谬误，综述作者是不知道的，所以最好不要间接转引文献。

（6）参考文献不能省略。有的科研论文可以将参考文献省略，但文献综述绝对不能省略，而且应是文中引用过的，能反映主题全貌的并且是作者直接阅读过的文献情报资料。

(7) 篇幅不可太长。综述一般宜控制在5 000字以内。

(二) 将他人的研究成果为我所用

1. 开拓视野，提高研究起点

通过了解和分析他人的研究成果，可以避免低水平的重复操作，为幼儿园教师开展教育科研活动的选题、设计研究方案等提供可借鉴的经验和新的研究生长点，从而提高研究的起点水平。

【案例】 某园要开展“家、园、校三方合作开展幼小衔接工作的实践研究”，查阅资料后发现：尽管有专家和基层幼儿园进行了大量“幼小衔接”研究，积累了相当多的经验。但以往的研究多是幼儿园单方面地组织开展幼小衔接工作，与小学和家长有实质内容的互动很少，而且多集中在教育内容、教育方法、作息时间调整、环境创设等方面，缺乏深度的研究。于是，幼儿园便着力在研究中凸显三个特点：(1) 建立以幼儿园为连接平台的三方合作共同体。幼儿园不是一味地向小学靠拢，也不是居高临下地对待家长，而是倾听来自各方面的声音，找到各方思考中的相通点，适度调适理念趋同，深度互动追求实质突破。(2) 引入统整思想，制定幼小衔接课程实施方案，即考虑两个学段在办学与办园理念以及培养目标的关联，达成育人共识。(3) 关注成人的思想准备，充分认识成人（主要包括家长和教师）在儿童入学适应方面的重要作用，注重教师等成人在思想、心理、行动等方面的先行准备。

由此可见，要让自己的课题有价值和新意，避免简单、重复劳动，必须认真、仔细查阅与本课题有关的文献情报资料，了解前人或他人对本课题或有关问题所做的研究及研究的指导思想、研究范围、研究方法、研究成果等。把已有的研究成果作为自己的研究起点，并从中发现以往的不足，从而确定自己研究的特色或突破点，突出本课题的价值和意义。如果对已有研究成果缺乏广泛了解和深入分析，很容易陷入简单、重复的境地，自己要做的别人早已做过，从而无法从高起点上对研究进行规划。

2. 参考借鉴，破解界定难题

每个课题研究方案设计都要求对课题中的关键概念进行界定。如何界定才能使之既有一定的理论根据，又有一定的操作性？对幼儿园教师来说，这是一个较大的难题。他人的研究成果，可以为关键概念的界定提供各种事实依据和信息，是参考借鉴的重要资源。

【案例】 课题“现代学校制度下家长协同参与幼儿园管理的实践研究”的概念界定：参与，是指参加（讨论、处理等）①，含义非常宽泛，有时有主体和客体之分。协同，是指各方互相配合或一方协助另一方做某件事②，强调的是不同主体为实现共同目标，适当放弃个别的或暂时的利益而进行协商、合作、联盟的过程。协同参与是参与的一种具体形式，更强调主体的平等合作与目标一致。家长协同参与幼儿园管理是指园方、教师和家长共同合作、协助，在家园同步共育中，促进幼儿全面长足的发展，其内容侧重于三方面，分别是协同参与园务管理、教育管理和工作研究评议。现代学校制度是以新型的政校关系和学校自主发展的机制为主要内容，确立法人的主体地位为基础，通过自主办学，使学校回归社区（社会），形成社会对学校的支持、服务、监督，建立家长、社区、学校的互动。它同时充分体现了现代教育的另一特征：家长应当对学校发展具有知情权、协商权、决策权、监督权。教育要为家长服务。

课题中的概念界定，不能凭感觉和经验编纂，而是必须参考借鉴一定的文献情报资料，或直接引用约定俗成的解释，或自己进行有理有据的阐述。如对于“协同”“参与”的界定，就直接引用了《新现代汉语辞典》《现代汉语辞典》中的解释，对“协同参与”的内涵则进行了适当的演绎。对“现代学校制度”的界定也是引用了权威研究的解释，但是对“家长协同参与幼儿园管理”则根据幼儿园实情进行

① 现代汉语辞典. 商务印书馆，2002：145.

② 新现代汉语辞典. 海南出版社，2003：1350.

了个性化的具体阐述。

3. 触类旁通，拓宽研究思路

他人的研究成果，从不同角度丰富了研究者对于所研究问题的认识，有助于拓宽思路，激发创新灵感。

【案例】 “家、园、校三方合作开展幼小衔接的实践研究”在确立课题研究过程中，园长了解到与自己毗邻的某小学开展“学期课程统整”成效非常显著，就专门要了有关的成果（专著）进行学习。“课程统整”其词本意就是对课程资源的“统筹规划与系统整理”，但就本项目来说，有别于通常意义上的“课程统整”，它不是对现有学科加以归并整合，最终形成一门完整意义上的跨学科综合课程，更不是简单的术语替换，这里的要义是指“学校教师以国家（政府）的课程方案和标准为依据，把一个学期作为基本周期，以指定的教科书作为主要的课程资源，充分利用其多种相关的资源，根据科学性原理和学校的培养目标，以及学生的实际，进行系统与集约化设计，使之成为可以直接实施的教学内容并展开有效教学实践的过程”。这个过程具有层次性，在充分考虑知识学习、学习方法培养、道德养成等基本要素的前提下，首先要教师对教材进行统整，在此基础上合理的进行基础性课程、拓展性课程、探究性课程三类课程的统整，同时适度的进行跨学科，并进行课内与课外的统整等。通过研究发现：该理念和做法既有一定的理论指导价值，又有一定的实践操作性。于是，园长带领课题组成员将原本在小学运用的统整理念和做法迁移到幼儿园中，根据幼儿学习特点，以学期为单位，研制大班幼儿语言、数学统整教育实施方案，即以学期为单位，遵循《上海市学前教育课程指南》以及《上海市幼儿园幼小衔接活动的指导意见》，以指定的幼儿园二期课改教师参考用书为主要教学资源，借鉴小学一年级的课标和培养目标，系统设计包括幼儿园、家庭和小学在内的、注重三方合作的、可以直接实施的幼小衔接教育方案并进行教学实践，取得了非常好的效果。

相关的研究成果，可以使研究者了解他人思考问题的角度、解决问题的思路、方法、途径以及遇到的问题、走过的弯路等，从而使研究“站在巨人肩膀上”，有利于广纳众家之长，触动思想的火花，促进研究的推陈出新。

思考题

1. 幼儿园研究课题的文献情报资料是通过什么途径收集的？
2. 你知道怎么利用收集来的文献情报资料吗？试举例说明。

第四节　研究目标和研究内容的确定

阅读完本节，希望您能了解以下内容：

☞ 如何表述研究目标？
☞ 如何分解研究内容？

当要解决的问题产生、确定之后，就要对怎么解决该问题进行整体的思考和安排，说明解决该问题的思路和具体步骤，即进行课题研究方案的设计。就像造房子一定要设计蓝图、制订工程计划，才能保证房子建造的模样、质量和进度一样，研究方案设计就是整个研究的“设计蓝图”，也直接关系到课题研究的质量、价值、进度以及研究所达到的深度甚至成败。如果研究方案设计好了，研究也就成功了一半。

教育科研的方案设计，主要围绕着以下六个关键问题展开：“研究的是什么？”“为什么要研究？”“从什么维度研究？”“怎么研究？”“能不能研究？”“研究的预期成效是什么？”其中最重要的部分，就是“从什么维度研究？”，即从什么视角、确定什么内容进行研究，表现为方案设计的研究目标和研究内容。它既是整个方案设计的重点和难点，也是课题研究创新性的最重要体现之一。

一、研究目标、教育目标和研究目的的关系

实践中发现，幼儿园教师们经常把这三个概念混淆，或者以教育

目标替代研究目标，研究目的、研究目标不分。下面我们以案例的形式分析三者的异同。

【案例 1】 3～6 岁幼儿混龄教育方案的研究与实践

研究目的：

借鉴国内外混龄教育相关研究成果，进一步构建“3～6 岁幼儿混龄教育方案”，并将如何有效提升教师依据混龄幼儿发展水平、设计教育活动的专业水平，作为我园混龄教育整合期的研究目标。

研究目标：

在“2～6 岁幼儿混龄活动潜能开发研究”成果的基础上，以《幼儿园教育指导纲要（试行）》《上海市学前教育课程指南》为引领，通过本课题研究，构建混龄教育方案的基本框架，组织与实施混龄教育方案，探索混龄教育环境的创设以及研究幼儿的不同学习方式与教师的指导策略，实现师幼双主体地位，从而促进幼儿得到最大化、最优化的个体身心和谐发展，提升教师的专业化水平。

分析：

比较该课题的研究目的和研究目标，不难看出，“研究目的”和“研究目标”的共同之处，都是指向同一对象开展研究，但不同之处在于：“研究目的”通过“开展某方面的研究，达到“提升教师的专业水平”或“促进幼儿某方面的发展”“改进某方面的工作”等，所涉及的范围比较大、宏观且比较抽象。而研究目标则指向如何解决既定的具体问题，获得的是“某一教育现象与其他现象之间相互联系的科学认识”，该认识具有一定的规律性，是可供其他人借鉴、运用的，因此是微观的、比较具体的。如以上例子中的“组织与实施混龄教育方案”“混龄教育的环境创设”“幼儿不同的学习方式与教师指导策略”等，都是在特定条件下如何对 3～6 岁幼儿实施混龄教育的科学认识，其他教师如果要开展混龄教育，是可以从中借鉴和参考的，因此，这些是“研究目标”而不是“研究目的”。

【案例 2】 幼儿信息素养启蒙教育研究

研究目标：

本研究旨在通过实践探索幼儿信息素养启蒙教育环境的创设、特色活动的开发、信息技术手段的运用和家园资源的挖掘，以此促使幼儿萌发信息意识，丰富信息知识，提升信息能力，养成信息道德，并获得身心全面和谐地发展。同时，通过研究，探索幼儿信息素养启蒙教育的概念、内涵和基本特征，寻找影响幼儿信息素养形成的因素，探索幼儿信息素养启蒙教育的目标、内容、形式、策略和评价，从而形成具有本园特色的幼儿信息素养启蒙教育的基本操作框架。

分析：

该课题的"促使幼儿萌发信息意识，丰富信息知识，提升信息能力，养成信息道德，并获得身心全面和谐地发展"是一种"教育目标"的表述，作为"研究目标"是不合适的。因为教育目标是教育活动的出发点和依据，它与课题研究目标有密切联系，但又有不同。一般来说，教育目标是培养人的目标，落实在幼儿的身上，表现为幼儿的发展和成长，而研究目标是关于如何培养人的科学认识，是通过研究希望获得知识的目标，落实在知识产品上，表现为教育知识的增长、教育经验的丰富、教育方法的创新、教育理论的发展等。因此，该课题的研究目标应该是"通过研究，探索幼儿信息素养启蒙教育的概念、内涵和基本特征，寻找影响幼儿信息素养形成的因素，探索幼儿信息素养启蒙教育的目标、内容、形式、策略和评价，从而形成具有本园特色的幼儿信息素养启蒙教育的基本操作框架。"

二、表述研究目标的一般方法

研究目标是这项课题所要解决的问题。由于幼儿教师所进行的课题，绝大部分属于应用性课题（即应用理论研究的成果，有效解决当前教育的实际问题）和开发性课题（即强调运用已有的研究成果去解决教育实践中的现实问题，开辟新的应用途径，进一步发展已有的研究成果）。应用性课题的研究目标设计，通常可以从三个方面考虑：

（1）对某一类教育应用理论问题的理性认识或理论上的阐述。

（2）探索解决某一类教育应用问题的原理、原则、内容、方法、技术等。

(3) 运用应用研究的成果，探索解决某一类教育实践问题的操作化程序、具体的实践措施等。

【案例 1】 在积极有效的师幼互动中促进教师教育行为变化的研究

研究目标：

本研究力图通过对幼儿教育机构中师幼互动行为类型与特征及成因的研究，结合师幼有效互动的经验总结，尝试构建积极有效师幼互动改善教师教育行为的范型，并且在不同教育活动内容及组织形式下贯彻实施，提炼出促进教师教育行为优化的机制，实现教师教育行为的深刻变革，促进教师专业化成长。

分析：

上述课题的研究目标，紧扣题目中的关键概念，首先对“师幼互动”问题进行理性认识（表述为：对幼儿教育机构中师幼互动行为类型与特征及成因的研究），然后探索师幼互动的原理、原则、内容以及操作化程序、具体的实践措施等（表述为：结合师幼有效互动的经验总结，尝试构建积极有效师幼互动改善教师教育行为的范型，并且在不同教育活动内容及组织形式下贯彻实施，提炼出促进教师教育行为优化的机制），最后指出实践研究的目的（表述为：实现教师教育行为的深刻变革，促进教师专业化成长）。

【案例 2】 幼儿园主题单元式家庭教育指导的实践研究

研究目标：

在了解家长对家庭教育指导现状、需求的基础上，开发主题单元式家庭教育指导菜单，归纳各年龄阶段操作与实施的要领和评估反馈指标，提高幼儿园家庭教育指导的质量，促进幼儿的发展。

分析：

该课题研究目标，紧扣题目中的两个关键词（主题单元式、家庭教育指导），提出了研究实施的前提和基础（表述为：在了解家长对家庭教育指导现状、需求的基础上），指明了研究的操作化程序和具体实践措施（表述为：开发主题单元式家庭教育指导菜单，归纳各年龄阶段操作实施的要领和评估反馈指标），最后指明实践研究的目的

（表述为：提高幼儿园家庭教育指导的质量，促进幼儿的发展）。

【案例 3】　3～6 岁幼儿混龄教育方案的研究与实践

研究目标：

在"2～6 岁幼儿混龄活动潜能开发研究"成果的基础上，以《幼儿园教育指导纲要（试行）》《上海市学前教育课程指南》为引领，通过本课题研究，构建混龄教育方案的基本框架，组织与实施混龄教育方案，探索混龄教育环境的创设以及研究幼儿的不同学习方式与教师的指导策略，实现师幼双主体地位，从而促进幼儿得到最大化、最优化的个体身心和谐发展，提升教师的专业化水平。

分析：

该课题的研究目标，同样紧扣题目中的关键词（3～6 岁、混龄、混龄教育、混龄教育方案），提出了研究实施的基础和依据（表述为：在"2～6 岁幼儿混龄活动潜能开发研究"成果的基础上，以《幼儿园教育指导纲要（试行）》《上海市学前教育课程指南》为引领），指明了研究的操作化程序和具体实践措施（表述为：构建混龄教育方案的基本框架，组织与实施混龄教育方案，探索混龄教育环境的创设以及研究幼儿的不同学习方式与教师的指导策略，实现师幼双主体地位），最后说明了实践研究目的（表述为：促进幼儿得到最大化、最优化的个体身心和谐发展，提升教师的专业化水平）。

由上可见：课题的研究目标表述，要紧紧扣住题目中的关键概念，通常用一段话来呈现，主要涉及对所研究问题的理性认识、现状调查及影响因素分析、所研究问题的解决原则、内容、方法、操作化程序等，最后说明研究的目的。

有的课题研究目标可以分别用 2～3 个小标题来表示，但涉及的内容仍然是上述几个方面。

此外，课题的研究目标通常包括直接目标和间接目标两部分。直接目标是对如何解决研究中各个问题的规律性认识、操作化框架、程序及方法等，是可供他人借鉴、运用的认识性成果，如案例 3 中"3～6岁幼儿混龄教育方案的研究与实践"中的"混龄教育方案的基本框架、混龄教育环境创设的方法以及幼儿的不同学习方式与教师的指导策略”等。间接目标是课题研究后引起幼儿、教师、家长等某方面预期的变化，如案例 3 中运用混龄教育方案研究中总结的方法、策略，“实现师幼双主体地位，从而促进幼儿得到最大化、最优化的个体身心和谐发展，提升教师的专业化水平”就是课题研究的间接目标。

三、确定研究内容的三种主要方法

研究内容是整个研究方案设计的核心部分，是实现研究目标的载体。研究内容设计的好坏，决定了研究质量的高低。如何分解、确定课题的研究内容？没有固定的方法，下面举例介绍三种方法：程序法、分类法和问题法。①

1. 程序法

程序法，是指按照课题研究固有的准备阶段、调查阶段、实施阶段这一程序进行设计。准备阶段要做的工作，通常是对关键概念进行界定；调查阶段，就要对所研究问题的现状进行调查，并分析影响因素；实施阶段，要探索解决该问题的原则、内容、方法、技术或操作化程序、具体的实践措施等。

【案例 1】　幼儿园主题单元式家庭教育指导的实践研究

研究目标：

在了解家长对家庭教育指导现状、需求的基础上，开发主题单元式家庭教育指导菜单，归纳各年龄阶段操作与实施的要领和评估反馈指标，提高幼儿园家教指导的质量，促进幼儿的发展。

研究内容：

(1) 主题单元式家庭教育指导的概念界定。

(2) 幼儿园开展家庭教育指导的现状、家长接受指导的需求调查。

---

① 胡育. 学前教育科研方法指导 [M]. 上海教育出版社，2005：31.

①研究幼儿园开展家庭教育指导内容、形式等的现状。

②研究家长对孩子心理、认知、健康的重视、家长对家庭教育指导的态度与需求。

(3) 研究开发主题单元式家庭教育指导菜单。

①研制主题单元式家庭教育指导计划、内容与框架。

②制定主题单元家庭教育指导具体实施方案并贯彻落实。

(4) 研究各年龄阶段操作与实施的要领。

(5) 家庭教育指导有效性研究（评价、反馈）。

①每次活动后研究家长对活动的评价。

②对家庭教育指导过程进行反思研究。

分析：

该课题紧紧扣住研究目标，将课题研究不同阶段（即准备阶段、调查阶段、实施阶段、总结阶段）涉及的工作分别作为研究内容：准备阶段要对“主题单元式家庭教育指导”的概念进行界定；调查阶段涉及“了解幼儿园开展家庭教育指导的现状、家长接受指导的需求”；实施阶段涉及“开发主题单元式家教指导菜单”“归纳各年龄段操作与实施的要领和评估反馈指标”等，然后再逐一对每一项研究内容用1～2点细化。

【案例2】　3～6岁幼儿混龄教育方案的研究与实践

研究目标：

在“2～6岁幼儿混龄活动潜能开发研究”成果的基础上，以《幼儿园教育指导纲要（试行）》《上海市学前教育课程指南》为引领，通过本课题研究，构建混龄教育方案的基本框架，组织与实施混龄教育方案，探索混龄教育环境的创设以及研究幼儿的不同学习方式与教师的指导策略，实现师幼双主体地位，从而促进幼儿得到最大化、最优化的个体身心和谐发展，提升教师的专业化水平。

研究内容：

(1) 混龄教育方案含义、构成要素研究。

(2) 混龄教育方案理念、总体性目标的研究。

(3) 混龄教育环境创设的研究。

(4）混龄教育一日活动安排的研究。

(5）混龄教育活动设计与实施的研究（目标、内容、形式、教育策略等)。

①根据本园混龄教育的特点，通过预设、生成两个途径，一学年确立8个主题，并创编与之相匹配的混龄教育活动。

②与学习内容相对应的混龄组织形式的研究，包括混龄个别、同龄小组、混龄集体。

③区域活动中混龄幼儿互动的研究，主要研究幼儿与幼儿、幼儿与材料的互动情况。

④混龄幼儿不同学习方式与教师指导策略的研究。

(6）3～6岁幼儿发展性评价指标的构建与实施研究。

分析：

本课题根据研究目标实现的必要条件和研究的不同阶段，分别设立了相应的工作作为研究内容：准备阶段，要对“混龄教育方案”的含义、构成要素、理念、总体性目标进行思考和建构；实施阶段，分别从“混龄教育环境的创设”“混龄教育的一日活动安排”“混龄教育活动的设计与实施（目标、内容、形式、教育策略等)”进行研究，尤其是第（5）点，研究者又分别从四个方面进行了细致思考；总结阶段，则涉及“3～6岁幼儿发展性评价指标的构建与实施”。

使用程序法确定研究内容，非常注重研究内容前后的关联和递进，前一步研究是后一步研究的前提和基础，后一步研究是前一步研究的深化和递进，环环相扣，步步相连。

2. 分类法

分类法，就是把课题研究内容分成理论研究内容和实践研究内容两部分进行设计。理论研究内容主要涉及：关键概念界定或内涵认识、基本特征、一般过程、影响因素、评价指标等。实践研究内容则是根据课题研究目标创造性地开展实践探索的过程，主要包括实施某方面教育的基本操作框架，如目标、内容、形式、方法、策略、评价等方面的规律。

【案例】 幼儿信息素养启蒙教育研究

研究目标：

(1) 理论目标：探索幼儿信息素养启蒙教育的概念、内涵和基本特征，寻找影响幼儿信息素养形成的因素等。

(2) 实践目标：通过实践，探索幼儿信息素养启蒙教育环境的创设、特色活动的开发、信息技术手段的运用和家园资源的挖掘，以此促使幼儿萌发信息意识，丰富信息知识，提升信息能力，养成信息道德，并获得身心全面和谐地发展。同时，通过研究，揭示幼儿信息素养启蒙教育的目标、内容、形式、策略、评价等方面的规律，从而形成具有本园特色的幼儿信息素养启蒙教育的基本操作框架。

研究内容：

(1) 理论研究内容

①幼儿信息素养启蒙教育的概念、内涵。

②幼儿信息素养启蒙教育基本特征的研究。

③影响幼儿信息素养形成因素的研究。

(2) 实践研究内容

①幼儿信息素养启蒙教育目标的研究。根据幼儿身心发展规律，拟从信息意识、信息兴趣、信息知识、信息能力、信息道德等方面提出信息素养启蒙教育的目标。

②不同年龄段幼儿信息素养启蒙教育要求的研究。

③幼儿信息素养启蒙教育形式的研究。

④幼儿信息素养启蒙教育策略的研究。

⑤幼儿信息素养启蒙教育方法的研究。

⑥幼儿信息素养启蒙教育评价的研究。

分析：

该课题根据研究目标的分类，也将研究内容分为理论研究内容和实践研究内容两个部分。理论研究内容主要从理论上探索基本的理论架构，一般涉及：关键概念的界定或内涵、影响因素分析、类型及特征等；实践目标则指向实践操作实施的目标、内容、原则、方法、运作程序和评价指标等，旨在通过规律的掌握更好地促进实践的发展，如促进幼儿（或教师）某方面的发展或能力的提高、推进幼儿园或地区的改革等。

3. 问题法

问题法是指围绕研究题目与研究目标提出若干问题，然后把每一个问题作为一个研究内容。

【案例】 幼儿探索型主题活动中教师支持行为的研究

研究目标：

(1) 通过对幼儿探索型主题活动中教师支持行为的现状的研究，发现和寻找在幼儿探索型主题活动中教师支持行为方面存在的问题及影响因素。

(2) 通过探索型主题活动的实施，总结提炼幼儿探索型主题活动中教师支持行为的方法、特点和规律，促进幼儿探索能力的发展。

研究内容：

①不同阶段的幼儿探索型主题活动与教师支持行为的研究。

②不同年龄的幼儿探索型主题活动与教师支持行为的研究。

③不同类型的幼儿探索型主题活动与教师支持行为的研究。

④探索型主题活动中幼儿个体差异与教师支持行为的研究。

⑤家园合作开展探索型主题活动中教师支持行为的研究。

分析：

该课题的研究内容就是围绕研究题目与研究目标，从不同阶段、不同年龄、不同类型、不同个体和家园合作五个层面提出问题，来研究幼儿探索型主题活动的特点及教师的支持行为，问题独特，研究内容的视角也具有新意。

四、研究目标与研究内容的关系

为了更加清晰地显示研究目标与研究内容的密切关系，上面的案例均同时呈现了课题的这两部分信息。这是因为：课题的研究目标和研究内容，是密切关联、互为依托的关系。研究目标表明了方向，对研究内容起导向作用。目标确定了，在一定程度上也规定了研究哪些内容，否则研究目标就失去了现实的基础，最终难以实现。反之，研究内容是对研究目标的细化，也是实现目标的具体抓手。把研究目标丢在一边只是考虑研究内容的清晰、具体，就好像断了线的风筝，没有了方向，再好的研究内容也失去了价值，无法为实现既定的研究目标提供有价值的材料。

【案例】 幼儿园主题单元式家庭教育指导的实践研究

研究目标解读：

围绕着研究题目中的关键概念，分别从现状调查、主题单元式家庭教育指导菜单的开发、操作要点、评估反馈指标等方面层层展开。

研究内容解读：

首先是对“主题单元式家庭教育指导”进行概念界定，然后则是将研究目标的每一个要点作为研究内容并进行了细化，如目标中的“在了解家长对家庭教育指导现状、需求的基础上”，用“幼儿园开展家庭教育指导的现状、家长接受指导的需求调查”作为一条研究内容，然后又从两个方面指出了调查的大致内容：研究幼儿园开展家庭教育指导内容、形式等的现状；研究家长对孩子心理、认知、健康的重视、家长对家庭教育指导的态度与需求。同样，研究目标中的“菜单开发”单列出来，作为一条研究内容“开发主题单元式家庭教育指导菜单”，然后又从两个方面进行了细化。其他以此类推。

分析：

课题研究题目、研究目标与研究内容之间有着紧密的内在逻辑联系，课题题目确立了，研究目标就要围绕着题目中的关键概念进行表述，研究内容又要根据研究目标从几个方面进行具体的解读。在表现形式上，课题研究题目是一句简洁精确的话，研究目标则是用几句话对题目进行解读，而研究内容又是用几段话对研究目标进行解读。三者环环相扣、层层深入，否则就显得思路混乱，不可能实现研究目的。

思考题

1. 请说明你自己或幼儿园承担课题的研究目标是如何表述的？有什么依据？

2. 请说明你自己或幼儿园承担课题的研究内容是如何分解的？采用的是什么方法？

第五节　研究方法的选择

阅读完本节，希望您对以下问题能有所了解：

☞ 常用的研究方法有哪些？

☞ 如何根据研究内容选择适切的研究方法？

根据实际工作中遇到的问题，找出产生这些问题的原因，并进一步找到解决问题的办法，是我们开展课题研究的最终目的。但实现这个目的的关键，是采用符合需要的研究方法。那么，什么是研究方法？幼儿园教师常用的研究方法有哪些？如何选择适切的研究方法？下面，我们就着重讨论这些问题。

一、什么是研究方法

研究方法是人们解决科学问题时所采取的基本手段、措施和程序。要解决问题，我们必须借助于一定的工具或手段，遵循一般的程序和准则，才能实现既定的研究目的。研究方法服从于一定的研究目的，目的一旦确定，方法往往起决定性作用。就像过河，必须借助于船或桥，否则，就无法完成过河的目的。这里的船或桥就是达到目的的方法。

例如，研究小组在开展“幼儿园基本教育服务项目标准化管理的探索研究”中，必须弄清楚“什么是标准化？”“什么是标准化管理？”“什么是基本教育服务项目？”“幼儿园实施标准化管理的现状及价值如何？怎样实施？”等问题。而这些问题的切实解决，首先必须通过文献资料的检索，清晰界定“标准化管理”“基本教育服务项目”等关键概念，其次通过问卷调查、访谈等方法，研究幼儿园实施标准化管理的现状，最后通过理论建构、案例分析、行动研究等方法，去探索、积累和提炼相关的实践。离开了这些方法和途径，就不可能实现该课题研究目的。

因此，可以说，正确地运用研究方法，可以提高研究的效率和研究成果的可靠性；使用了不恰当或不周全的研究方法，就会影响研究结果的可靠程度，甚至无法解决问题。

二、有多少种研究类型，就有多少种研究方法

按照不同的研究特点，教育研究可划分为不同的研究类型，相应的，也就有不同的研究方法。

从研究方法的性质来划分，可将研究方法分为定性研究和定量研究。定性研究是用文字来描述现象，强调的是研究的自然情境和整体探究，采用的是归纳的思维方法，即对特殊事例进行描述分析，从中归纳出一般原理。案例描述、叙事研究、个案研究等，都是定性研究的主要方法。定量研究是用数字和量度来描述现象，强调的是对研究的操纵和控制，常采用统计分析的方法，从一般原理推广到特殊事例。调查研究、实验法等，都是定量研究的方法。

此外，按照研究的一般方法，还可将研究分为观察研究、调查研究、实验研究、历史研究等类型。对应的研究方法，分别是观察法、调查法、实验法、历史研究法等。

当然，以上研究类型的分类，有时是相互交叉重复的。而每一种研究方法，也都有其特定的价值和适用的条件。教育研究中使用的研究方法，已逐渐从单一趋向多元与综合，从偏重量或质的研究趋向量的研究与质的研究有机结合。

由此可见，教育研究方法有很多，但是，幼儿园教师常用的教育科研方法主要有以下八种。

1. 文献研究法

文献研究法也称情报研究法，是收集和整理与该课题有关的文献资料，从中归纳、梳理出有规律性的东西，并在此基础上，进一步发

现已有研究中的不足，以便展开深层次研究的一种科研方法。任何一项课题，要想取得有价值的成果，提高研究的科学性，必需查阅国内外有关课题研究的背景、现状及发展趋势等情报资料，离不开文献研究法的帮助。

2. 调查法

调查法，是在一定教育理论、思想的指导下，通过问卷、访谈等手段，有目的、有计划地收集研究对象的资料，从而对教育某方面问题的现状作出比较客观的分析的一种研究方法。该方法在教育研究中运用得非常广泛和有效。

3. 观察记录法

观察记录法，是指研究者借助于自己的感觉器官或其他辅助工具，有目的、有计划地对处于自然情境下的教育现象或行为等进行系统、连续地观察、记录和思考，从而获取事实材料的一种研究方法。观察记录法可分为直接观察和间接观察、参与性观察和非参与性观察、定期观察和追踪观察等多种类型，是学前教育研究中普遍使用的方法。

4. 案例研究法

案例研究法，是以讲故事的形式，对教育活动中遇到的真实情境下的事件进行记录，然后对这些"真实记录"进行分析研究，寻找产生问题的根源，进而寻求解决问题或改进工作的一种研究方法。案例研究法是教师个体自觉从事教育科学研究最适宜的操作方法。

5. 行动研究法

行动研究法，是由实际工作者和专业研究者共同参与，把行动和研究紧密结合的一种教育科学研究方法。行动研究法是一个螺旋式加深认识的过程，每一个螺旋发展圈又包括计划、实施、观察、反思四个相互联系、相互依赖的基本环节，是教育领域应用广泛、卓有成效的一种研究方法。

6. 个案研究法

个案研究法，是以某个特定样例或某个行为样例为研究对象，通过解剖麻雀的方法，考察其具体的状态、发展变化的过程，从中总结出规律性的东西，作为研究相同、相似或相对问题的范本或借鉴。

7. 经验总结法

经验总结法，是在不受控制的自然状态下，依据教育实践提供的事实，按照科学研究的程序，分析概括教育现象、揭示其内在联系和规律，使之上升到教育理论高度，促进人们由感性认识转化为理性认识的一种教育科研方法。

8. 教育实验法

教育实验法，根据预设的研究目的，运用一定的人为手段，主动控制或者变更某些条件，然后观测与此相随的教育现象的变化，从而验证条件和现象之间因果联系的一种研究方法。

研究者根据需要，通常不会只使用某一种方法，而是综合运用多种方法来达到研究目的。进行方案设计时，不必面面俱到地罗列使用的所有方法，只需简要地说明课题研究中准备采用哪几种主要研究方法，以及每种研究方法的使用范围、适用对象、使用程序和使用的时间等即可。

三、研究方法要与研究内容相匹配

研究方案设计中对研究方法的阐述，不能只是简单、抽象地罗列文献法、调查法、行动研究法等，而不做具体、适切的解释和说明。实际上，每种研究方法都有其特定的使用范围和操作方式。判断某种研究方法的选择和使用是否适切，就看该方法是不是与研究内容相匹配？是不是将具体的研究内容落到了实处？

【案例1】 促进幼儿教师自主发展的支持策略研究

研究方法：

（1）幼儿教师自主发展的概念及特点——文献研究法：收集大量关于“幼儿教师自主发展”的文献资料，就教师自主发展的概念、特点、影响因素、不同层次教师的分类、促进教师自主发展的策略等几个问题从理论上进行借鉴和参考。

（2）幼儿教师自主发展的现状——问卷调查法和访谈法：抽取某

区四所幼儿园（市示范园一所、市一级园一所、市二级园二所）中65名教师和园长，就教师对“自主发展”的现状，包括教师自主发展的意识、行为、教师的自我规划和发展需求的帮助四个方面进行问卷调查，了解幼儿教师自主发展的现状及存在的问题。通过对幼儿园不同层次教师的访谈，获取幼儿园骨干教师、成熟教师的自主发展轨迹，提炼出教师自主发展的关键因素。同时，通过访谈获得本园教师工作的现状和存在的问题，以及教师还需要哪些自主发展的支持策略，以采取有针对性的措施。

（3）促进幼儿教师自主发展的个案——个案研究法：研究园长、个别教师的教学日志或成长记录等，使本研究中策略的形成和最终效果的取得更具有说服力。

（4）促进幼儿教师自主发展支持策略的研究——行动研究法：是本课题采用的主要研究方法，在对调查问卷、访谈、文献资料的分析基础上，在课题组长的带领下与全园教师一起学习教师自主发展的理念，动员全园教师积极实践，不断调整促进教师自主发展的支持策略，通过螺旋式上升的办法使本研究最终获得良好的效果。

分析：

该课题的研究方法分别与研究内容相匹配，清晰地表明了研究方法的使用范围和用途，较好地体现了解决问题的思路和途径。

【案例2】婴幼儿入园初期情绪性行为特点及其适应性研究

研究方法：

（1）调查研究法：设计家长调查问卷，抽取研究基地的若干名2～4岁入园新生家长进行调查，旨在通过家长了解和掌握婴幼儿在家的生活习惯等情况，为幼儿园采取有针对性的入园教育对策提供事实依据。

（2）观察记录法：设计了四类表格作为观察记录工具，这四类表格分别为：新入园婴幼儿情绪性行为观察记录表（全班）、新入园婴幼儿情绪性行为观察记录表（个案）、新入园婴幼儿情绪性行为参照表、家访表。

（3）全息记录法：入园初期，运用摄像机全息记录婴幼儿的入园情绪性行为表现，在幼儿园适当位置滚动播放，作为“缓解家长焦虑情绪”的生动教材，也为微格分析提供具体、真实、动态的事实材料。

(4) 行动研究法：在实践中不断探索、总结有效的适应性教育的具体对策，并在实践中不断反思、调整、补充和完善。

(5) 案例研究法：以典型案例的形式，记录适应不良和适应良好婴幼儿的行为、情绪等表现，并进行比较，提炼出有益经验，积累典型案例。

(6) 经验总结法：与带托班的老师、园长展开讨论，总结他们富有实效的实践经验和智慧。

(7) 个案追踪法：每位参与课题研究的老师从本班中确定2～4名婴幼儿进行重点观察、对其入园初期存在的不适应行为进行引导、干预，并开展追踪观察。

分析：

该项课题不仅列出了主要的研究方法，还根据课题研究内容的需要，对每种研究方法解决什么问题、如何使用等做了具体的说明。

由此可见，要实现课题的研究目的，研究者必须对研究方法进行周到、细致的考虑，避免笼统、模糊，以便对课题研究起到切实可行的支撑作用。选择适切的研究方法，可从以下几个方面考虑：

1. 分析课题的研究内容

方法不是凭空产生的。在确定使用什么研究方法之前，可对课题的研究内容进行审视、思考：课题要研究的具体内容有哪些？从而找到选择研究方法最重要的依据。例如，课题“现代学校制度下家长协同参与幼儿园管理的实践研究”，研究内容分别有：①中外家长参与幼儿园管理的情报研究；②家长协同参与幼儿园管理的现状；③家长协同参与幼儿园管理的内容、方法、组织架构、角色定位等。这是选择、确定研究方法的最重要的依据。

2. 根据研究内容匹配适切的研究方法

即将每一条研究内容用最适切的方法进行对应、匹配。如上面的案例，①中外家长协同参与幼儿园管理的情报研究，最适切的方法是文献研究法；②家长协同参与幼儿园管理的现状，最适切的方法是问卷调查法、访谈法；③家长协同参与幼儿园管理的内容、方法、组织架构、角色定位等，最适切的方法是行动研究法。

3. 对研究方法进行具体的表述

根据特定的研究对象，将研究方法用简洁、明了的语言进行表述。如，①文献研究法：通过查阅大量的资料，对相关文献进行整理、分析，寻找课题的立足点，明确家长协同参与幼儿园管理在国内同类研究中具有的价值和意义。②问卷调查法：以问卷形式，调查了解家长对参与幼儿园管理的期望、需求以及家长对幼儿园管理及教师工作满意度等问题的看法和意见，并进行汇总、分析。③行动研究法：将研究和行动过程紧密结合，在问卷调查中发现问题，在文献研究中找寻目标，在实践探索中完善方案，并通过实施评价，发现新问题，再计划、再实施、再评价、再发现……的方式不断进行，从而不断摸索出相应的理论和实践的经验。

四、研究方法要与步骤安排相协调

好的课题研究要能经得起实践的检验，必然有一个实践操作的过程。研究方案设计要对整个问题解决过程进行时间和进程的安排，合理设置实践操作的时间节点，科学安排研究的步骤。

实践中发现，有的课题研究方案，研究方法归研究方法，研究过程归研究过程，两者基本不相干。例如，某课题的研究方法和研究步骤表述如下：

【案例】　操作法在中、大班幼儿数活动中运用的研究

研究方法：

（1）调查研究法——调查各年龄阶段教师在数活动中运用操作法的现状与存在的问题。

（2）行动研究法——以课题小组为研究主体，边研究边实践，边实践边反馈，边反馈边研究，循环发展以达到预定的目标。

（3）观察法——观察幼儿运用操作法进行数活动过程中存在的问题与现状。

（4）经验总结法——在实践研究的基础上，经过新一轮的大量教育教学实践，对有价值的教育事实进行理性分析与认识，运用科学的经验总结法有层次地总结。

研究过程：

1. 准备阶段（2007年10月）

（1）成立课题小组。

（2）收集情报资料。

（3）制定研究方案。

2. 实施阶段（2008年9月至2010年1月）

（1）各年龄班观察了解问题与现状。

（2）制定相应的策略，进行跟踪性的实践研究。

（3）尝试多种方法解决幼儿在操作过程中遇到的问题。

3. 总结阶段（2010年2月至2010年6月）

（1）汇总研究资料，形成研究成果。

（2）撰写研究报告。

（3）活动展示。

分析：

从以上“研究方法”和“研究过程”的表述中，看不出研究方法是何时使用的，为什么要这样使用？加上研究过程的表述非常笼统，只是说研究分“准备、实施、总结”三个阶段，每个阶段大致做哪些工作，而这些工作与既定的研究目标、研究内容、研究方法看不出有什么紧密联系，显得非常模糊、抽象，放到其他任何课题中也都可以这样写。如此设计，让人不免担心：该课题研究很有可能“脚踩西瓜皮”，做到哪里算哪里。

因此，需要特别强调的是，研究方法除了要与研究内容相匹配，还要与研究过程、研究步骤安排协调一致，阐明研究工作到底是如何安排的。

【案例】 现代学校制度下家长协同参与幼儿园管理的实践研究

研究方法：

(1) 文献研究法：通过查阅大量的书籍杂志及网络，对相关文献进行整理、分析，寻找课题的立足点，明确家长协同参与幼儿园管理在国内同类研究中具有的价值和意义。

(2) 问卷调查法：以问卷形式，调查了解家长对协同参与幼儿园管理期望、需求以及家长对幼儿园管理及教师工作满意度等问题的看法和意见，并进行了汇总、分析。

(3) 行动研究法：将研究和行动过程紧密结合，在问卷调查中发现问题，在文献研究中找寻目标，在实践探索中完善方案，并通过实施评价，发现新问题，再计划、再实施、再评价、再发现……的方式不断进行，从而不断摸索出相应的理论和实践经验。

研究过程：

1. 准备阶段（2004年8月至2005年1月）

(1) 2004年8月，成立以园长为课题负责人的课题研究小组，通过对文献资料的收集、研究和分析，进行理论探讨、关系阐述、价值判断、思想务虚、分析园情和现状，确立了“现代学校制度下，家长参与幼儿园管理的实践研究”的课题方案，达成研究共识。

(2) 进行家长协同参与幼儿园管理的现状调查与分析，听取专家意见。

(3) 2004年10月，成立第一届境内部园级家长教师委员会。

(4) 2004年12月，召开第一届家长教师委员会第一次会议。

2. 实施阶段（2005年2月至2007年1月）

(1) 成立课题先行班组，先研究先实践，再将获得的经验教训及时推广，在园内再实践。

(2) 2005年4月，召开开题论证会，明确操作要点。

(3) 2005年9月，成立第二届境内部家长教师委员会，初步拟定《境内部家长教师委员会章程》。

(4) 2005年11月，成立第一届境外部家长教师委员会，初步制定《境外部家长教师委员会章程》。

(5) 2006年下半年，在反思总结中，修改章程。

(6) 2007年1月，中期论证。

3. 总结阶段（2007年2月至2007年8月）

(1) 案例分析，梳理经验，在类似项目中再实施，探索与提炼规律，使家长协同参与幼儿园管理日趋完善。

(2) 第三次修订《幼儿园家长教师委员会章程》，建立并完善家、园协同管理的有关制度。

(3) 在制度保障下，规范运行，家、园协同管理的运行机制初步形成。

(4) 总结经验，撰写研究报告和专著。

分析：

该课题主要采用了哪些研究方法？每种方法的使用目的、使用方法、使用时间以及每个时间段都是怎么安排的等问题？在该方案设计中一目了然，详尽具体。单从这一点来看，就可以预见，该课题极有可能取得较好的研究成果。

思考题

1. 我们常用的教育科研方法有哪些？

2. 你知道如何选择适切的研究方法吗？

3. 请举例说明研究内容、研究方法和研究过程三者之间的关系。

附录 在自主性游戏中培养幼儿社会交往行为的实践研究（研究方案）

一、研究的理论价值和实践意义，关键概念界定，国内外研究现状分析

(一) 培养幼儿良好社会交往行为的重要性

交往是人类生存的一种基本需要，也是人们精神生活的重要内容。幼儿的社会交往是生长发育与个性发展的需要，也是完成个体社会化的重要过程。要在社会上生存，就必须学会社会交往，一个人的

交往能力常常决定他的才能是否被社会所认可。通过社会交往，可以使幼儿了解和认识人与人之间、人与社会之间的关系，学习社会道德准则和处理人与人之间的关系，帮助幼儿克服任性、以自我为中心等不利于社会交往的性格，发展行为调节能力和社会活动能力，充分发挥社会个性，以形成适应社会要求的行为方式。良好的交往能力是行为习惯养成的一部分，著名教育家陈鹤琴认为，一个人要养成良好的习惯，应该从小就加以训练。他指出："教育一个人要从小就注意起的，讲话怎样讲，批评怎样批评，做人的态度，对人的礼貌，以及一切的一切都要从小养成。"

联合国教科文组织在《教育——财富蕴藏其中》这一权威报告中提出，面对未来教育的挑战，教育必须围绕四种基本能力来培养新一代，这四种基本能力是：学会认知、学会做事、学会共同生活和学会生存。其中"学会共同生活"是指培养孩子在人际交往中能与人共处和合作，提高幼儿的交往水平。

《幼儿园教育指导纲要（试行）》在社会教育领域从社会关系的纬度，提出了幼儿与他人的关系是乐群、互助、合作、分享、同情。对幼儿进行良好社会交往行为的培养，能帮助幼儿建立良好的人际关系。通过社会性交往，儿童对是非、善恶行为准则和社会道德规范产生初步的认识，为幼儿未来健康人格的形成和认知水平的发展奠定最初的基础。而社会学家认为，3～9岁是个体社会交往行为形成和发展的关键时期。但是，随着现代社会的发展，独生子女的比例越来越大，幼儿在家庭中与同伴交流、合作的机会大大地减少。他们身上或多或少地有着不和群、自私、不能和同伴友好相处等表现。

（二）*游戏是促进幼儿社会交往行为发展的主要途径*

幼儿园是幼儿集体生活的地方，教育及心理科学研究表明：儿童的个性和品德的发展，离不开儿童间的相互联系和相互作用，幼儿同伴之间的交往对幼儿个性、品德发展起着重要的促进作用。交往能力不仅影响幼儿的社会适应性，也将影响一个人终身适应社会的程度。幼儿社会交往行为的过程不是自发的过程，需要有计划、有目的地精心培养。《幼儿园教育指导纲要（试行）》中明确指出："幼儿园教育应尊重幼儿身心发展的规律和学习特点，充分关注幼儿的经验，引导幼儿在生活和活动中生动、活泼、主动地学习。”“提供自由活动的机会，支持幼儿自主地选择和计划活动，并鼓励他们认真努力地完成任务。”“幼儿园的空间、设施、活动材料和常规要求应有利于引发幼儿的主动探索和幼儿间的交往。”游戏是幼儿最基本的活动方式，一方面，同伴间的交往主要在游戏中进行，游戏中获得的交往能力可以成为学习、生活中交往的条件和基础；另一方面，游戏本身就是一种交往方式，随着游戏水平的提高，幼儿社会交往能力也不断发展。可见，游戏在幼儿发展与教育领域中具有重要意义。近年来的幼教改革，人们的教育观、儿童观转变，更加重视发挥游戏在促进幼儿全面发展中独特的教育作用。

自主游戏，即幼儿在一定的游戏环境中根据自己的兴趣和需要，以快乐和满足为目的，自由选择、自主展开、自发交流的积极、主动的活动。这一过程也是幼儿兴趣需要得到满足，天性自由表现，积极性、主动性、创造性充分发挥和人格建构的过程。从幼儿心理角度出发，自主性游戏是幼儿寻求欢乐而自愿参加的一种活动；从学习角度出发，自主性游戏又是幼儿主动活动、获取经验的过程。因此，自主性游戏对孩子积极的情感体验、同伴交往、语言能力、社会性发展等都具有不可估量的教育价值。我园在开展自主性游戏中为幼儿提供了大量的游戏时间和空间，并精心设计了游戏环节和材料，使他们积极地投入，充分地按照自己的意愿进行游戏活动。

（三）国内外研究现状分析

世界各国专家对儿童自主性游戏及幼儿社会性发展的研究普遍比较重视，并有大量的成果，对课题研究具有积极的指导意义，如：皮亚杰认为，正是产生同伴关系中的合作与感情共鸣，使儿童获得了关于社会的更广阔的认知视野，在儿童与同伴交往中出现的冲突，将导致社会观点采择能力发展并促进社会交流所需技能的获得。和同伴交往，使儿童意识到积极的、富有成效的社会交往是通过与伙伴的合作而获得的。陈鹤琴先生对幼儿社会性行为的培养和游戏的作用有诸多的论述，他强调培养幼儿的社会交往能力，最重要的是给予幼儿练习、实践的机会，而这种练习的最好机会是游戏。上海市幼儿游戏教育研究所徐则民老师开展了“游戏课程中幼儿自主性研究”，强调的是孩子游戏性体验（兴趣性体验、自主感体验、胜任感体验）。以上理论对本课题研究具有指导意义。

但分析情报后我们发现：国内外研究的共同之处，就是重视普遍幼儿的心理发展原因，不足之处则主要表现在：观念、认识层面上的成果居多，即关于教育目标、原则方面的内容较多，即使涉及具体做法也是举个别例子，而在现代教育背景下，在自主性游戏中对幼儿社会交往行为发展的研究为数不多且实例缺乏。在自主性游戏开展的现状中，实践教师十分注重幼儿游戏的自主性及对游戏材料的投放，但对幼儿在自主性游戏中的社会交往表现、发展水平及在二期课改背景下幼儿游戏中社会交往行为特点等缺乏研究，对幼儿在自主性游戏中的社会交往表现缺乏了解和观察要点，教师在自主性游戏中对幼儿交往行为的回应策略也比较呆板，可借鉴的可操作性研究成果很少。而这一点却是一线教育实践工作者最迫切需要的，也是影响幼儿园教育教学目标实施的症结所在。

因此，本课题旨在现代教育背景下，把握自主性游戏中幼儿社会交往行为的特点，了解幼儿在自主性游戏中社会交往行为的现状，分析影响幼儿社会交往行为的因素，并试图从多个角度探寻教师对幼儿社会交往行为的回应策略，为促进幼儿社会性发展积累来自于一线教师的生动案例，逐步形成幼儿园的教育特色。

（四）关键概念的界定

（1）自主性游戏：即幼儿在一定的游戏环境中根据自己的兴趣和需要，以快乐和满足为目的，自由选择、自主展开、自发交流的积极、主动的活动。

（2）行为：是心理学中一个相当重要的名词，其含义是：内在的、外显的意识与潜意识一切活动。即可以观察测量的外显反应或活动及内隐性的意识历程。

（3）交往：是指人们彼此之间交换意见、传达思想、表达感情和需要的一种交流过程。

(4) 幼儿社会交往行为：是指幼儿与人交往、参加社会活动时表现出来的行为。包括：合作、交流、轮流、遵守规则、解决冲突等行为。

二、研究目标

本课题在了解幼儿自主性游戏中社会交往行为现状的基础上，分析影响幼儿社会交往行为的因素，把握自主性游戏中幼儿社会交往行为的特点，并试图从多角度探寻教师对幼儿社会交往行为的回应策略，为促进幼儿社会性发展积累来自于一线教师的生动案例。

三、研究内容

1. 自主性游戏中幼儿社会交往行为的情报研究

(1) 收集相关情报资料。

(2) 了解国内外研究现状。

(3) 界定关键概念。

2. 自主性游戏中幼儿社会交往行为的现状调查及影响因素研究

3. 自主性游戏中幼儿社会交往行为特点的研究

(1) 同龄幼儿在自主性游戏中社会交往行为的特点。

(2) 混龄幼儿在自主性游戏中社会交往行为的特点。

(3) 异性幼儿在自主性游戏中社会交往行为的特点。

4. 培养幼儿社会交往行为的回应策略研究

四、研究方法

(1) 文献研究法：课题组成员收集、整理有关幼儿在自主性游戏中社会交往行为研究的成果、为教师开展实践探索提供理论依据和参考。

(2) 调查研究法：设计调查问卷，了解幼儿在自主性游戏中社会交往行为的现状，分析存在的问题以及教师对幼儿社会交往行为培养中存在的不足。

(3) 观察记录法：为了研究自主性游戏中幼儿社会交往行为的特

点、帮助教师更有效地回应和指导，设计观察记录表，要求教师采取叙述性描述记录法，用文字将在观察时段中幼儿的社会交往行为及教师的回应和指导进行观察、记录，每周1次。同时运用摄像机等现代技术手段，对幼儿在自主性游戏中的行为表现及教师的回应和指导进行全息记录，然后进行微格分析。

（4）个案追踪法：选择若干幼儿作为个案，按照提出问题——提升反思——改进方法等，对幼儿的社会交往行为表现、特征等进行追踪，然后就教育中发现的问题开展研讨、提出方法、实施反馈。

（5）资料评定法：对研究过程中所收集的各类资料进行分析评定，使之条理化、系统化。

（6）行动研究法：在研究中对培养幼儿社会交往行为的回应策略先预设，再实施，然后反思其合理性，不断修改、完善。

五、研究的过程

1. 准备阶段（2011年5～12月）

（1）确定课题，成立游戏研究课题组。

（2）收集相关情报资料，了解国内外研究现状，界定“行为”“社会交往行为”等关键概念。

（3）制定课题研究方案。

（4）设计调查问卷，了解我园幼儿在自主性游戏中社会交往行为的现状及教师回应中存在的问题，形成调查研究报告。

2. 实施阶段（2012年1～12月）

（1）制订课题实施计划。

（2）采用观察记录法、个案追踪法研究自主性游戏中幼儿社会交往行为特点的研究。

（3）采用观察记录法、行动研究法研究培养幼儿良好社会交往行为的回应策略，在这个过程中，不断地反思、实践，形成完善的教师回应策略。

（4）进行自主性游戏中幼儿社会交往行为的效果调查。

3. 总结阶段（2013年1～6月）

（1）收集资料数据，汇总资料并进行统计和分析。

(2) 撰写研究总报告等。

六、本课题拟解决的问题

以自主性游戏为载体，依据幼儿年龄特征、个性特点、地域资源特点等创设有利于幼儿自主性游戏的环境，在了解幼儿社会交往行为特点的基础上开展教育，力求从多个角度探寻教师对培养幼儿良好社会交往行为的回应策略。

七、特色创新之处

(1) 研究视角新：在了解幼儿社会交往行为特点的基础上开展教育，把教育建立在幼儿心理之上，加强了教育的科学性。

(2) 研究方法实：注重运用心理学方法，对自然状态下幼儿的社会交往行为进行观察和记录，增强了研究的客观性。

八、完成研究的条件分析

1. 研究的工作基础

(1) 自主性游戏的研究已经列入我园新三年发展规划中，游戏研究为幼儿园的新发展带来契机，有助于全面提升幼儿园办学质量，逐步形成幼儿园的办学特色。

(2) 近两年来，幼儿园内部的一些专题研究为自主性游戏积累了相关经验，为本课题的开展提供了较好的基础。并多次向区游戏中心组、华东师范大学学生开放游戏环境。

2. 研究的外部条件

(1) 我园园长一贯十分重视科研工作，并带头开展课题研究工作，在设备资金上给予充分保证。

(2) 我们还得到了区部分科研专家及教科室老师的具体指导，为确保课题的规范化开展及顺利完成提供了有利保障。

3. 课题组人员结构

(1) 本课题的组成人员十分精干，由园长带头，协同骨干教师、青年教师、有专长的教师共同参与。

（2）课题组主要成员具有较丰富的科研工作经验，具有一定的理论素养和实践工作经验，撰写的论文曾多次发表，科研成果获区科研成果奖。

4. 研究经费和设备

（1）我园有健全的教科研管理网络，能为课题研究的发展提供必要的经费和时间保证。幼儿园拥有现代化办公设备（计算机、多媒体、打印机、摄像机、照相机），为教师收集信息、了解世界最新教育动态提供了方便、快捷、高效的设备保障。

（2）幼儿园还订阅了大量关于科研方面的书籍、软件，为教师查阅文献资料提供了有效的资源保障。

（3）我园拥有专门的游戏活动室，在时间、空间方面保证幼儿游戏的开展。

九、成果展示

1. 准备阶段

（1）情报资料综述。

（2）问卷设计。

（3）自主性游戏中幼儿社会交往行为及教师回应现状调查报告。

2. 实施阶段

（1）在自主性游戏中幼儿社会交往行为发展特点的总结。

（2）培养幼儿良好社会交往行为的回应策略研究报告。

（3）培养幼儿良好社会交往行为的实施效果对比报告。

（4）培养幼儿良好社会交往行为的案例研究报告。

3. 总结阶段

（1）自主性游戏中幼儿社会交往行为研究总报告。

（2）自主性游戏中培养幼儿社会交往行为回应策略的案例报告。

最终完成时间：2013 年 6 月。

最终成果形式：包括研究总报告、现状调查报告、情报综述、案例等。

十、研究经费预算

本课题经费估算：12 000 元，具体包括：调查费：2 000 元，论证费：2 000 元，资料费：1 000 元，实施费：5 000 元，器材费：2 000元。

（徐汇区望德幼儿园提供）

参考文献：

[1] 中华人民共和国教育部. 幼儿园教育指导纲要（试行）. 2001.

[2] 幼儿园教育指导纲要（试行）. 江苏教育出版社，2002.

[3] 上海市学前教育课程教材改革委员会办公室. 上海市学前教育课程指南. 2002.

[4] 华爱华. 幼儿游戏理论. 上海教育出版社，1998.

[5] 朱家雄. 游戏活动（新教材）. 上海教育出版社，2002.

[6] 朱慕菊. 走进新课程. 北京师范大学出版社，2002.

[7] 赵丽君. 幼儿自主游戏中存在的问题与对策. 幼儿教育，2004.

第三章 针对问题的研究行动

100多年前，美国著名的哲学家、教育学家、心理学家杜威提出“从活动中学、从经验中学”的“做中学”原则，系统论述了知与行的关系。幼儿园教师开展课题研究仅停留在学方法、写文本而不行动，是无法解决研究中要解决的问题的，得出的结论也是无法站稳脚跟的。因此，不妨用“做中学”的理念指导我们的研究，在行动中解决要研究的问题吧。

第一节 研究实施计划的制订

阅读完本节，希望您能找到下面这些问题的答案：

☞ 研究实施计划包括哪些方面？

☞ 研究实施计划与我们的日常保教工作有什么关系？

一、为什么要制订研究实施计划

通过前面的学习，我们已经明确了课题研究的目标以及内容，接着应该思考如何把这些研究目标落实到日常的保教工作中开展研究，那么我们就需要制订一份课题研究的实施计划。课题研究实施计划与课题研究报告中的研究过程既有联系又有区别，课题研究实施计划比课题研究报告中的研究过程更进一步细化，课题研究实施计划一般应包括研究时间的划分、研究内容的分解、具体的实施办法、研究人员的分工和阶段性研究成果的预设。但是，关于研究实施计划，有不少幼儿教师有这样的想法：

“研究实施计划都差不多，按照固定的样式写写就可以了。”

“研究实施计划只是呈现一个研究过程，对实际的研究没什么指导意义。”

“我们的实践研究是没法根据实施计划来进行的。”

我们都知道，课题研究并不是“纸上谈兵”，而是为了通过一种科学的方法，在保教实践的过程中解决一些问题，摸索一些规律，以改进我们的保教工作，更好地促进幼儿的发展。当我们通过查阅文献、分析现状，确定了一个有价值的研究课题后，如果以上述的想法来制订一份研究实施计划，那么我们的研究可能是：

（1）无序。我们的课题组成员不知道自己具体该做些什么？也不知道该什么时候做？整个研究呈现出“脚踩西瓜皮——想到哪里做到哪里”的状态。

（2）无果。过程性研究资料缺乏，阶段性的课题研究成果无法及时形成，到结题时只能写一个“华而不实”的研究报告了事。

（3）无价值。研究不但未能解决预先设计的问题，反而成了累加在教师身上的一个负担，让教师失去参与研究的积极性。

以上的任何一个现象都不是研究想要的。因此，教师有必要为自己的研究做一份切实可行的实施计划，以保证研究目标与内容的顺利完成、高质量研究成果的形成，让所有的课题组成员在过程中有研究的体验，帮助他们积累课题研究的经验。

关于课题研究实施计划的制订需要注意以下两点：

（1）一致性。虽然所有课题的实施计划呈现都是课题从开始到实施再到结束的过程性工作，有一定的程序性，但是仅仅套用这一程序制订出的计划是无法实施的。我们必须紧紧围绕研究的目标与内容，将内容逐步分解到研究的各个阶段中，告诉课题组成员将采用怎样的方法来进行此项研究，才能提高研究的有效性。

【案例】　课题——“祖辈助教团”指导策略的研究

（1）其中的一项研究内容：

“祖辈助教团”的建立与组织制度研究。

①对祖辈家长资源的收集与价值点分析的研究。

②“祖辈助教团”的组织制度研究。

（2）相应的实施计划

①设计问卷调查表，了解祖辈家长的家庭教育现状、祖辈家长的特长与爱好，收集祖辈家长对助教活动的建议，对祖辈家长中可利用的资源做好分析与归纳。

②开展助教团组织制度研究：包括人员入团标准的制定、助教团的管理网络、助教团人员的职责和义务，助教评估制度等。

③围绕三个助教专题，分析现状问题，分别开展祖辈代表与教师代表座谈会，梳理助教内容。

以上的实施计划将研究内容进一步细化、分解，并明确告诉课题组成员每一项研究内容达成的具体办法，如：如何收集祖辈资源、如何进行现状分析、如何创建“祖辈家长资源库”等，目的明确，操作性强。

（2）可行性。不能因为要追求实施计划的完美，而忽略课题组成员实际的研究能力。实施计划中所安排的内容必须是可行性的，要将课题研究安排到日常的教学研讨中，保证一定的研究时间以落实研究工作。

【案例】　课题——幼儿亲社会行为养成过程中指导策略的研究

其中一项内容的实施计划：

<table>
<tr><th colspan="5">幼儿园课题研究活动计划表（一）</th></tr>
<tr><td>时间</td><td>2009年12月至2010年3月</td><td rowspan="2">目标</td><td colspan="2" rowspan="2">了解幼儿在亲社会行为表现中存在的一些问题，针对问题分析原因</td></tr>
<tr><td>专题名称</td><td>幼儿亲社会行为的现状调查与分析</td></tr>
<tr><td>日期</td><td>活动名称</td><td>内容</td><td>形式</td><td>负责人</td></tr>
<tr><td>2009年12月</td><td>方案设计</td><td>①设计观察幼儿行为表现的情节
②制定评价标准</td><td>课题组交流</td><td>许××
顾××</td></tr>
<tr><td>2010年1月</td><td>年级组实施方案</td><td>幼儿根据教师设计的情节开展活动</td><td>分组活动
观察记录</td><td>年级组长</td></tr>
</table>

续 表

日期	活动名称	内容	形式	负责人
2010 年 2 月	整理资料	各年级组教师汇总幼儿表现情况	年级组活动	年级组长
2010 年 3 月	分析总结	寻找幼儿问题，分析原因	课题组交流	顾××
预期成效	①每年龄段形成一份幼儿亲社会行为现状分析报告 ②“幼儿亲社会行为的现状调查与分析”总报告			

这份关于“幼儿亲社会行为的现状调查与分析”的实施计划表，清晰地告诉课题组成员每一个时间节点要做的研究工作，每一项工作都符合教师的能力水平，而且还有明确的分工，让每一位课题组成员明确职责，有效保证了课题研究内容的落实。

二、研究实施计划包括哪些方面

如果我们已经关注到以上两点，那么我们就可以来为自己的研究做一份规划。在制订实施计划之初，先要明确的是课题实施计划包含的内容：

1. 研究时间的划分

每一个课题研究者都会根据其研究的难度与深度为课题预设一个研究期限，一年、两年或三年及以上。无论最终完成时间有多长，我们都要在实施计划中将这一总体研究时间做一个具体的安排，一般来说，一项课题研究主要分为准备阶段、实施阶段、总结阶段。

在研究时间的初步划分中，我们可以将大量的时间安排在实施阶段，因为课题研究的主要内容都需要在这一阶段进行反复地实践与验证。问题是，在这将近三年的课题研究时间内，每一项研究内容具体是在哪一时间段内进行呢？因此，还需要我们对这一时间段进行进一步地划分，明确每一项研究内容的研究时限，我们可以在案例 2 中找到将研究时间进一步划分的方法。

2. 研究内容的分解与具体实施办法

如果我们只是将课题研究方案中的“研究内容”部分原封不动地照搬到我们的实施计划中，课题组成员一定会觉得“无从下手”。既然是一份实施计划，就必须告诉实施者具体该做些什么、怎么做，因此，首先需要把研究内容进行分解。我们可以根据行动研究的步骤来分解研究内容：比如要开展某项现状的调查与分析研究，那么在实施计划中可以分解为调查问卷的设计、问卷的试调查与调整、调查的实施与数据的整理和数据的分析等几部分；也可以根据研究内容所包含的要素来分解研究内容，如将幼儿亲社会行为的指导策略研究，分解为幼儿分享行为、助人行为和合作行为的指导策略研究。然后，我们需要对每一项已经分解好的研究内容提出具体的操作建议，以告诉实施者可以如何去实施。

【案例】　课题——幼儿园“闯关式”园本教师培训模式的实践研究

课题中的一项研究内容：“闯关式”园本教师培训内容的研究

此项内容的实施计划：

（1）根据教师能力发展需要，结合《上海市教师成长手册》《上海市幼儿园保教质量评价》，确立不同培训阶段中的内容、方法等。

①问卷调查：了解当前教师认为影响园本教师培训的因素及最有效提高园本教师培训质量的方法、每个教师急需培训的内容等。（时间：2009 年 9 月，负责人：凌××）

②统计分析：根据教师教龄、能力进行初步分组，统计分析每组教师最需要培训的内容。（时间：2009 年 10 月，负责人：凌××）

（2）以《上海市教师成长手册》《上海市幼儿园保教质量评价》为指导，制定针对不同培训内容的不同培训阶段的达标指标。

①经验总结：根据每组需要培训的内容及组员发展情况，结合上海市五个文本文件，制定阶段指标、阶段培训内容、阶段培训方法、阶段评价方法；每组培训内容用一种颜色表示，颜色的深浅表示不同的培训阶段，形成初步的闯关色谱。（时间：2009 年 11 月至 2010 年 2 月，负责人：曹××）

②培训前评价：公布幼儿园“闯关式”的园本培训色谱，通过自我评价与集体评价相结合的方式，评定每一位教师在培训内容中所处的培训阶段，通过自选、客观制约每个教师拥有 1～2 个培训内容，从而形成各自的培训色谱。（时间：2010 年 3 月至 2010 年 4 月，负责

人：诸××）

③行动研究：挖掘不同层次教师中的优势师资资源，形成连环培训网络进行培训，鼓励教师色谱升级培训、升组培训。（时间：2010年4月至2011年4月，负责人：曹××）

以上案例中的实施计划将研究内容“‘闯关式’园本教师培训内容的研究”分解为教师培训需求的了解、不同培训内容的不同培训阶段的达标指标的制定，呈现了一个较为具体与完整的培训内容确立的思路，同时将每部分内容的具体操作办法也进行预设，使得课题组成员“有章可循”。

3.研究人员的分工

课题组成员间的各司其职、有效配合，能够让我们的研究工作开展得更加顺利，那么，就在实施计划中给每一位课题组成员分分工吧。在分工前，要考虑到各个课题组成员的特长，如有的教师擅长做调查研究，那就可以请他负责做现状等方面的调查工作；有的教师擅长教学实践，那么可以由他来承担研究过程中的课堂教学实践；有的教师擅长资料的整理与分析，那么就可以由他进行文献等相关资料的分析。有一点必须注意，分工并不代表“互不相关”，课题组成员之间的及时沟通更为重要。因此，我们在实施计划过程中务必要安排定期的课题组研讨活动，让课题组成员充分地交流研究的进展、发现的问题等，共同讨论解决的办法与下一阶段的研究任务，这样才能推动课题研究的有效进行。

4.阶段性研究成果的预设

在我们的研究实施计划中除了要明确时间节点、安排好具体的人员以及他们各自的工作，可能还需要对他们工作后的成果形式做一个预设。比如，负责调查研究的教师在规定时间内需完成一份调查报告，负责保教实践的教师经过一段时间的研究需整理出一系列保教方案、保教案例等。对阶段性成果的预设有利于课题组成员养成及时收集过程性研究资料的习惯，有助于教师建立起课题研究的目标意识。

以上是课题研究实施计划应该包含的内容，在具体撰写的时候，可以用表格的形式将四项主要内容综合在一起呈现，也可以根据四项主要内容逐一进行制订，还可以根据划分的研究阶段对这四项内容进行介绍。

操作：

下面，我们将呈现一份完整的课题实施计划，这份实施计划是以表格的形式呈现的。请试着分析一下这份实施计划，然后回答下列问题：

1. 从这份计划您知道主要做些什么吗？
2. 您知道这些研究工作该怎么做吗？
3. 假设您是课题组成员，您知道做哪一项工作吗？
4. 您知道做完这项研究工作后要呈现些什么研究成果吗？

【案例】 课题——以童话剧为载体，培养幼儿表达表现能力的指导策略研究实施计划

项目名称	负责人	协助人	具体内容	成果形式	完成时间
本园3～6岁幼儿表达表现能力的现状调查与分析	周××	孙×及各班班主任	主要是家长、教师、幼儿的问卷，了解幼儿的现状	调查报告	2009年2月
3～6岁幼儿表达表现能力目标体系的制订	余××	顾×、华×、李×	小、中、大班不同年龄阶段幼儿关于表达表现的目标	评价指标	2009年5月
各年龄段幼儿童话剧的选择与改编	赵×	顾×及各班班主任	选择与改编的原则与内容	经验总结	2010年6月
整合语言领域的指导方式、方法	顾×	赵×、戴×、张×	1. 小、中、大班幼儿欣赏童话剧时的内容和指导方法 2. 中、大班幼儿讨论、编排童话剧的指导方式和方法 3. 指导小班幼儿参与表演游戏的方式和方法	论文	2011年6月

续 表

项目名称	负责人	协助人	具体内容	成果形式	完成时间
整合音乐表现的指导方式和方法	华×	严×、金×、吕×	研究小、中、大班幼儿在童话剧中音乐表现的指导方式和方法	案例集	2011年6月
整合美术领域的指导方式和方法	孙×	杜×、李×、肖×、姚×	研究小、中、大班幼儿制作道具、布景的指导方式和方法	论文	2011年6月

三、实施计划与日常保教工作的关系

上面一部分，我们讨论了课题实施计划应包含的内容，相信您也能根据自己的研究制订一份实施计划了。于是，我们根据计划召集课题组成员召开课题组会议，在会议上或许我们的同伴会有这样的反应：

实施计划与我们的日常保教工作有什么关系？

这些工作最好能和保教工作融合在一起，要不然又多出一件事。

这时，请不要怀疑课题组成员参与研究的态度，因为教育科研本应服务于并渗透于教师的日常保教工作，只是如今不少研究仍然存在着与保教工作相割裂的“两张皮”的问题，所以也无怪乎教师会有如此的顾虑。那么，我们该如何回答教师的疑问呢？最好的办法就是从教师的角度重新审视制订的课题实施计划，我们需要思考：

1. 研究实施计划能否在教师的日常保教工作中落实

幼儿园开展的课题研究一般来说都是实践性的研究，既然是实践性的研究就必然要与幼儿园的日常保教工作密切联系，否则只能是一种“空中楼阁”式的无意研究。

幼儿教师的日常保教工作主要集中在儿童观察、教育教学准备、活动组织和教育教学研讨等方面，课题研究实施计划中的工作应尽可能地在这些日常保教工作中落实。如“案例2”的实施计划表中有一列是“形式”，较好地体现了课题组将课题研究内容在幼儿园年级组活动、教师日常学习观摩、幼儿行为测试活动中的落实。这样，既不增加教师的工作负担，又能有效地推动课题的研究。

那么，如何才能达到这种“无缝链接”呢？不妨做这样的尝试：

（1）整合计划。将我们的实施计划与幼儿园的教研计划、教师的学期计划、班级计划等放在一起，分析哪些问题既是教研的重点问题，又是研究的主要内容，让研究实施计划与教研计划相互整合。若是能够将研究实施计划中的主要内容作为教研的一项主要工作，则更能起到事半功倍的效果。

（2）整合活动。如果研究实施计划无法与教研计划有效融合，那么就借助教师日常保教工作中的实践观摩、学习交流等活动，让研究组的教师一同参与观摩，分组进行研讨，重点探讨课题研究内容的落实。

2. 研究实施计划的落实能否助推教师的日常保教工作

我们常说要提升教师的专业能力，而专业能力中重要的一项能力就是研究能力，一线教师更多进行的是实践性的工作，因此她们能够积累丰富的实践经验。那么，研究经验从何而来？同样需要“经历”，只是“经历”的是一项课题研究的过程，教师在研究的过程中可以了解课题研究到底是怎么一回事，积累一些科学的研究方法，体验研究带来的些许变化。因此，如果我们的课题实施计划所呈现的工作能够让教师在实践的过程中学会一些科学的研究方法，比如让教师学会如何设计一份有效的调查问卷、让教师学会如何做观察记录、怎样写一份高质量的教育教学案例，而这些研究方法又有助于教师日常保教工作的开展，特别是将教师必备的保教技能融合在研究实施计划中，那么教师必定会欣然接受。

操作：

以上我们对课题研究实施计划与教师日常保教工作的关系作了阐述，接着我们将会提供一份课题的研究目标、内容与方法，请试着思考：

(1) 这项研究可以与幼儿园的哪项日常保教工作相融合?

(2) 假如我们是课题组成员，在研究实施的过程中，我们至少可以学会哪几项教育教学技能?

(3) 这些教育教学技能对我们的日常保教工作有帮助吗?

【案例】 课题——家长参与幼儿园管理决策的机制的研究

研究目标:

通过对家长参与幼儿园管理决策权限的现状调查，建立家长参与幼儿园管理决策的组织及制度，并开展家长参与幼儿园管理决策质量的评价研究，从而形成家长参与幼儿园管理决策的机制，优化幼儿园管理决策，提高幼儿园管理质量。

研究内容:

(1) 调查家长参与幼儿园管理决策权限的现状。

(2) 建立家长参与幼儿园管理决策组织的研究。

(3) 运用现代管理决策模式，开展家长参与幼儿园管理决策制度的研究。

(4) 实施家长参与幼儿园管理决策质量的评价研究。

研究方法:

(1) 文献研究法——运用此方法掌握国内外关于“家长参与幼儿园管理决策”的研究动态，为本课题研究提供有效信息。

(2) 问卷调查法——向本园全体家长发放“家长参与幼儿园管理决策意愿调查表”，了解家长参与幼儿园管理决策权限的现状及需要。

(3) 行动研究法——建立家长参与幼儿园管理决策的组织和制度，并具体实施，在实施过程中明确其中所面对的问题，然后进行调整，重新设计和实施解决问题的家长参与幼儿园管理决策的组织和制度，在执行过程中针对出现的新问题及时调整，最后通过多种渠道评估家长参与幼儿园管理决策的质量。

(4) 案例研究法——收集不同类型家长（不同年龄、不同亲子关系、不同职业、不同收入等）参与幼儿园管理决策的素材，撰写相关的案例。

通过上述的练习，相信我们已经对课题研究实施计划有了更全面的认识，那么，不要停歇，用同样的三个问题检验一下我们制订的实施计划吧，让它带领着我们的研究团队轻松而有效地进行我们的研究之路。

思考题

1. 研究实施计划包括哪些方面？

2. 请为自己或本园的研究课题设计一份研究实施计划。

第二节　行动从了解现状开始

阅读完本节，希望您能：

☞ 设计一份调查问卷。

☞ 知道如何组织一次调查。

☞ 用科学的方法分析调查数据。

实施计划的制订进一步明确了课题研究每一阶段的具体任务，每一个课题组成员都“摩拳擦掌”行动起来。行动之初，若课题设计时就将现状研究作为一项重要的研究内容，那么就要考虑该采取怎样的方法来开展；若现状的研究并非研究内容之一，是否还要去了解现状？

其实，现状研究是否被列为研究内容之一并不重要，重要的是我们对自己要研究的对象与问题的现实情况是否有一个清晰地了解，如要研究幼儿的亲社会行为，是否知道幼儿目前的亲社会行为发展水平；研究结束，怎样确定幼儿的亲社会行为是否得到发展？若是我们对上述问题的答案不确定，那么现状的研究是必需的。

了解现状的方式和方法有很多，我们可以查阅相关的教学资料，可以对研究对象进行访谈，还可以采用问卷调查的方式进行。问卷调查的价值是得到教师们普遍认同的，它不但能够获取研究所需要的信息资料，而且简便易行。问题是：

(1) 我们不知道如何根据课题设计问卷题目。包括：设计的题目是否合理？设计几个题目？用什么样的题型比较合适？答案应该怎么设计？

(2) 收集不到我们想要的真实信息。表现为：被调查者提供的信息缺乏客观性、真实性，总是挑好的选，以致最后得到的结果是不存在任何问题，导致调查无效。

上述问题的关键在于问卷设计的合理性。那么，怎样的问卷既能体现我们的研究意图，将需要了解的问题准确地传递给被调查者，又能使被调查者乐于真实地回答问题呢？

一、问卷的设计

为了更好地帮助大家了解问卷设计的步骤，我们将呈现一份完整的调查问卷，并对每一部分是如何设计的给出提示。

(一) 前言

前言也称为“封面信”，是一份问卷开头的一段话或一封短信。其目的是向被调查者介绍和说明调查者的身份、调查目的等内容。前言决定着被调查者能否认真配合完成调查。如“××市 0～3 岁婴幼儿家长科学育儿指导调查”的前言部分：

> 亲爱的家长：
>
> 您好！
>
> 我们是××市教育科学研究室，我们正在进行一项 0～3 岁婴幼儿家长科学育儿指导的调查。这项调查的目的，是了解××市 0～3 岁婴幼儿早期教养的现状，发现早期教养中存在的问题，分析产生这些问题的原因，为制定××市婴幼儿早期关心和发展规划，制定相应的政策提供依据。我们根据科学的方法选定了一部分家长代表，您是其中一位。本次调查采用无记名方式，我们将对您所作的回答实行保密，希望您能如实填写。答题时请将答案填在题目前的括号内或题目中的横线上。
>
> 最后，感谢您积极参与本次调查，以及对教育研究工作的大力支持！
>
> ××市教育科学研究室
>
> ××××年×月×日

提示：在这段话中我们要向被调查者说明：

（1）调查的主办单位或个人的身份；

（2）调查的目的与意义；

（3）调查的内容和范围；

（4）调查对象的选取方法；

（5）有关不记名的说明和对保密处理的许诺；

（6）答题方式；

（7）感谢语、署名及日期。

无论何种层面的调查问卷，前言是不能省略的，它不但能简要告知被调查者调查的一些基本信息，最主要的是能消除被调查者的顾虑，赢得信任，为顺利的开展调查奠定基础。

（二）指导语

指导语是用来指导被调查者正确填写问卷或是教调查员如何正确完成问卷调查工作的一组陈述。它的作用与产品的使用说明书相似。如“××市 0～3 岁婴幼儿家长科学育儿指导调查”问卷的指导语部分：

·请将所选答案的编号填写在题目前的［　］内。

·如无特殊说明，每题只能选择一个答案。

·请于本周五前将问卷交至居委会××处。

假设你是一位被调查者，看了以上的指导语一定能够明确地知道如何填写这份问卷了。指导语的作用就是用来指导被调查者如何填写问卷以及填写过程中的注意事项的。

提示：在设计问卷的指导语时可以从以下几个方面考虑：

（1）对选出答案做记号的说明；

（2）对选择答案数目的说明；

（3）对填写答案要求的说明，如填在什么位置；

（4）对返还问卷形式（面交、邮寄还是其他方式）、时间等的说明。

（三）问题及答案

调查所要询问的问题，是问卷的主要内容。要科学设计调查问卷，必须弄清楚问题的种类、问题设计的程序、问题的结构及应该遵循的原则。

1. 问题的种类

问卷中要询问的问题，大体上可分为四类：

（1）背景性问题，主要是被调查者个人的基本情况，如性别、年龄、民族、文化程度、婚姻情况、行业、职业、职务或职称、收入、宗教信仰、党派团体等。有时还包括被调查者家庭的某些基本情况，如家庭人口、家庭类型、家庭收入等。它们是对问卷进行分析研究的重要依据。

（2）客观性问题，是指已经发生和正在发生的各种事实和行为。如“您家住宅面积有多少平方米”“您家去年的年收入是多少元”等，都是事实方面的问题。又如“您的孩子在家睡觉主要由谁照管”“您今年外出旅游到了哪些地方”等，都是行为方面的问题。

（3）主观性问题，是指人们的思想、感情、态度、愿望等一切主观世界状况方面的问题。如“您对现在这样照管是否满意?”“您希望自己的孩子将来从事什么职业?”等。

（4）检验性问题，为检验回答是否真实、准确而设计的问题。如在问卷中先问：“您今年多少岁?”在问卷后再问：“您哪年结婚?”“当时多少岁?”又如先问收入、再问支出，或先问支出、后问收入等。这类问题，一般安排在问卷的不同位置，通过互相检验来判断回答的真实性和准确性。

如“××市 0～3 岁婴幼儿家长科学育儿指导调查”问卷的第一部分问题：

> 所属（县）市、区：__________ 所属街道：__________ 所属居委会：__________
>
> （一）您孩子的情况
>
> [ ][ ] 1. 您孩子生于：________年________月。
>
> [ ] 2. 您孩子的性别：（1）男；（2）女。
>
> [ ] 3. 您孩子的健康情况：（1）健康；（2）体弱；（3）有疾病。

续 表

（二）您本人的情况

[ ]　4. 您的实足年龄为：________岁。

[ ]　5. 您的学历是：（1）小学毕业及以下；（2）初中毕业；（3）高中或中专、职校、技校毕业；（4）大专毕业；（5）本科毕业；（6）硕士、博士及以上。

[ ]　6. 您的户口情况：（1）本市非农业常住户口；（2）本市农业常住户口；（3）外地非农业户口；（4）外地农业户口。

……

该案例中的问题就属于背景性问题，是对被调查者姓名、年龄、单位、通信地址等自然情况的了解。在调查中，还可以根据需要增减有关项目，如增设对象父母等家庭成员的情况、对象生活、学习环境条件等情况。

提示：在上述四类问题中，背景性问题是任何问卷都不可缺少的。因为，背景情况是对调查者分类和对不同类型被调查者进行对比研究的重要依据。其他三类问题，则依调查的目的、内容而定。例如，人口调查主要涉及客观性问题，民意测查则主要涉及主观性问题，只有比较复杂的调查问卷（特别是经济调查问卷），才需要设计检验性问题。

2. 问题设计的程序

继问卷的背景性问题之后就是问卷的客观性和主观性问题，这类问题应紧紧围绕课题研究的核心问题展开。如“××市 0～3 岁婴幼儿家长科学育儿指导的调查”这一课题，客观题和主观题就应围绕家长的育儿方式和指导需求展开。那么，这一类问题设计的具体程序是怎样的？是否有规律可循？请参见表 3-1：

表 3-1　××市 0～3 岁婴幼儿家长科学育儿指导调查问卷结构

项　目	子概念	变　量	题　目
0～3 岁婴幼儿家长科学育儿指导调查	带养方式	目前的带养方式	孩子在家睡觉主要由谁照管？
			您对现在这样照管是否满意？
			孩子在家的饮食主要由谁照管？
			……
		理想的带养方式	如果有条件，您希望怎样的带养方式？
			如果是家庭内带养，如果可能，您希望由谁为主带养您的孩子？
			如果是寄托在别人家庭，如果可能，您希望？
			……
	家长需求	帮带的需求	您感到目前需要有人帮助带养孩子的？
			您需要带养的方式？
			您需要带养孩子的时间？
			……
		指导的需要	最需要指导的对象是？
			最需要指导的内容是？
			最适合的指导方式是？
			……

从表 3-1 可以看出，调查者设计问卷的程序主要是：先对调查项目进行概念界定，然后根据概念界定分解出相关子概念，如“带养方式”“家长需求”，再根据子概念分析出相关变量，如将“家长需求”分解为“帮带的需求”和“指导的需要”两方面，最后再设计相应的问题与答案，具体程序见图 3-1。

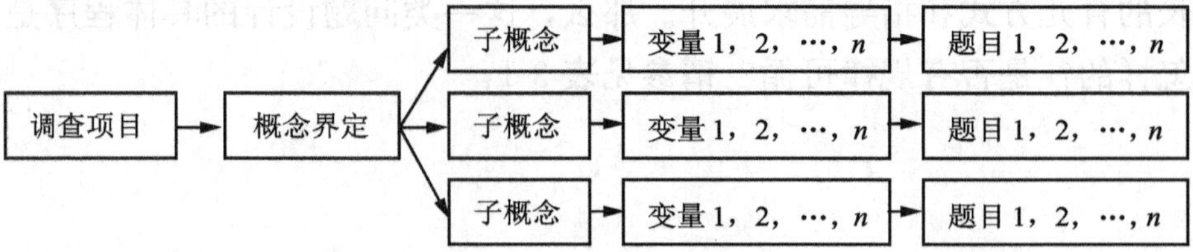

图 3-1　问题设计的程序

从问题设计的过程中可以看到，问题的编制绝不是课题组成员坐在一起“你说一题、我问一句”想出来的，而是课题组成员经过思考与分析研究出来的。因此，我们的课题组成员一定不能操之过急。

3. 问题的结构

对问题设计的流程有所了解后，我们设计出相应的问题，接着我们开始考虑这些问题该如何排列。因此，我们有必要了解问题的结构。

问题的结构，即问题的排列组合方式。它是问卷设计中的一个重要问题。为了便于被调查者回答问题，同时也便于调查者对调查资料的整理和分析，设计的问题一般可采取以下几种排列方式：

（1）按问题的性质或类别排列，而不要把不同性质或类别的问题混杂在一起。如，把背景方面的问题放在问卷的前面或后面，把经济方面的问题、生活方面的问题、家庭方面的问题等相对集中地放在一起。这样，就便于被调查者按问题的性质先回答完一类问题，再回答另一类问题，而不至于使他们回答问题时思路经常中断和来回跳动。

（2）按问题的复杂程度或困难程度排列。一般地说，应该先易后难，由浅入深；先客观事实方面的问题，后主观状况方面的问题；先一般性质的问题，后特殊性质的问题。特别是敏感性强、威胁性大的问题，更应安排在问卷的后面。这有利于增强被调查者回答问题的信心，有利于把回答逐步引向深入，而不至在一开头就把他们难住了，不知如何回答。

（3）按问题的时间顺序排列。一般地说，应该根据调查事物的过去、现在、将来的历史顺序来排列问题。当然，也可以反过来，先问当前的有关问题，然后由近及远地追溯过去的情况。但是，无论是由远到近还是由近及远，问题的排列时间顺序上都应该有连续性、渐进性，而不应该来回跳跃，打乱被调查者回答问题的思路。

总之，问题的排列要有逻辑性。但是，在特殊情况下，也不排除对某些问题非逻辑安排。例如，由于被调查对象间存在的差异，我们就会设计诸如“选择‘是’的话，请跳过第十题”，而要求被调查者回答第十一题的跳跃性的题目。此外，检验性问题也应分别设计在问卷的不同部分，否则就难以起到检验作用。

操作：

正准备设计问卷的课题负责人可以按照上面的步骤做一个尝试，并把它做成一张问卷结构表。已经设计好问卷的，就对照上述思路重新审视问卷的设计，并把它整理成一张问卷结构表。

4. 问题设计应遵循的原则

当我们把问卷题设计的过程了熟于胸的时候，我们就可以从问卷的题型、答案的设置、问题的数量等方面对问卷题进行“精加工”，以提高问卷回复率、有效率和回答质量。

（1）问卷内容要简明，不能含糊其辞，否则就得不到确实的回答。

（2）题目要单一、明确。一个题目中只包含一个调查指标，只询问一件事情，而且问题不能带有倾向性，诱导被调查者顺着提问者的观点及倾向回答问题，影响答案的客观性与真实性。

（3）题目的安排应有一定的逻辑顺序，符合被调查者的思维习惯。一般先易后难、先简后繁、先具体后抽象，相同主题、相同题型应放在一起。

（4）问卷题的数量要适度，不得过多，也不能太少。问题过多会令答题人生厌，故而置之不理；若问题太少，就无法达到研究的目的。因此，既要考虑调查者的需要，也要考虑问题是否能被答完。一般来说，以家长为调查对象的问卷题数量控制在50题以内，答题时间半小时以内；以教师为调查对象的问卷题数量则可适当增加，一般在100题以内，答题时间为一小时以内。

（5）问卷题的答案设计切忌散漫凌乱，否则不但不易整理，而且难以应用统计方法分析和对结果进行科学的解释。

除了上述注意点之外，问卷编制好以后，最好先做小规模的尝试性调查，发现问题，及时修改，然后再分发进行正式调查。

5. 问题答案的设计

与问卷中的问题一样，答案也是一份问卷中极其重要的一部分。根据问题的不同，答案主要有三种基本类型，即开放型、封闭型和混合型。

(1) 开放型

所谓开放型回答，是指对问题的回答不提供任何具体答案，而由被调查者自由填写。例如：您认为课程教材改革过程中最大的困惑是什么？

(2) 封闭型

①填空式

例如：您有（　　）个孩子。

②两项式

例如：[　] 您的性别？

①男；②女

[　] 您家有儿童房吗？

①有；②没有

这种回答方式，适用于互相排斥的二择一式的定类问题。

③列举式

即在问题后面设计若干条填写答案的横线，由被调查者自己列出答案的回答方式。

例如：请问您为孩子选择幼儿园时最看重什么条件？（请列举最重要的 2 个条件）

第一个条件：____________；第二个条件：____________。

这种回答方式，适用于回答有几种互不排斥的答案的定类问题。

④选择式

即列出多种答案，由被调查者自由选择一项或多项的回答方式。

例如：[　][　][　] 您为孩子选择这所幼儿园的最主要理由是什么？（请将答案填在括号内，任选 3 项）

①幼儿园口碑好；②教师教学水平高；③幼儿园环境优美；④园长管理有思路；⑤离家比较近；⑥幼儿园级别高。

这种回答方式，适用于有几种互不排斥的答案的定类问题。在几种答案中，规定选择一项，也可规定选择多项。

⑤顺序式

即列出若干种答案，由被调查者给各种答案排列先后顺序的回答方式。

例如：[ ][ ][ ][ ][ ] 您当前在教育教学中遇到的主要问题有？（请按问题程度的难易，将所选答案的编号依次填写在问题左侧的括号内）

①教学经验缺乏；②配套教学用具少；③案头工作负担重；④所受培训缺乏针对性；⑤缺乏指导。

这种回答方式，适用于要表示一定先后顺序或轻重缓急的定序问题。

⑥等级式

即列出不同等级的答案，由被调查者根据自己的意见或感受选择答案的回答方式。

例如：[ ] 您对孩子所在幼儿园工作是否满意？

1. 非常满意；2. 满意；3. 不满意；4. 很不满意。

常用的表示等级的词语还有：非常喜欢，比较喜欢，无所谓，讨厌，非常讨厌；完全同意，同意，中立，不同意，坚决不同意，无可奉告；经常，有时，偶尔，没有，不适用；很好，可以，不好，很差，无所谓等。

⑦矩阵式

即将同类的几个问题和答案排列成一个矩阵，由被调查者对比着进行回答的方式。

例如：您希望自己的生活在哪些方面得到改善？（请在适当的方格内打“√”）

	非常迫切	比较迫切	不大迫切	不需要	无所谓
①吃的方面：	□	□	□	□	□
②穿的方面：	□	□	□	□	□
③用的方面：	□	□	□	□	□
④住的方面：	□	□	□	□	□
⑤行的方面：	□	□	□	□	□
⑥娱乐方面：	□	□	□	□	□

这种回答方式，适用于同类问题、同类回答方式的一组定序问题。

封闭型回答有许多优点，它的答案是预先设计的、标准化的，它不仅有利于调查者正确理解和回答问题，节约回答时间，提高问卷的回复率和有效率，而且有利于对回答进行统计和定量研究。封闭型回答还有利于询问一些敏感问题，调查者对这类问题往往不愿写出自己的看法，但对已有的答案却有可能进行真的选择。封闭型回答的缺点是：设计比较困难，特别是一些比较复杂的、答案多或不太清楚的问题，很难设计得完整、周全，一旦设计有缺陷，被调查者就无法准确回答问题；它的回答方式比较机械，没有弹性，难以适应复杂的情况，以发挥被调查者的主观能动性；它的填写比较容易，被调查者可能对自己不熟悉、甚至根本不了解的问题任意填写，从而降低回答的真实性和可靠性。

(3) 混合型

所谓混合型回答，是指封闭型回答与开放型回答的结合，它实质上是半封闭，半开放的回答类型。

例如：[ ] 您孩子双休日通常做些什么？

①参加兴趣班；②外出游玩；③走亲访友；④在家；⑤其他（请说明）__________

⑥设计答案应该注意的问题

(1) 匹配性

在问卷的封闭式问题中，问题和答案间应相互匹配。如问题是问教师对自己的工作满意不满意，则答案便应相应的提供为：非常满意、满意、比较满意、不满意等，而不应提供为：非常喜欢、喜欢、比较喜欢、不喜欢。否则会形成答非所问的情况，为被调查者的问卷回答造成不必要的障碍。

(2) 穷尽性

在问卷的封闭式问题中，针对问题提供的答案应该覆盖所有的可能性，即穷尽问题所有可能的回答，如前所述教师对自己的工作满意不满意，所提供的非常满意、满意、比较满意、不满意四个回答便未必涵盖完该问题的所有回答，因为有的教师也许持无所谓的态度等。此时，要达到涵盖问题所有答案的目的，便可在答案中加一个回答：其他。这样便保证针对问题所提供的所有回答已经穷尽。

(3) 互斥性

问卷的封闭式问题中，提供的每个答案之间应有一定程度的互斥性，否则会造成回答者的困扰，不知如何回答，从而影响到问卷的调查结果。如问您每个月用于孩子兴趣班的金额时，提供的答案不能为：0～50，50～100，100～200；而应为0～50，51～100，101～200。这样便保证了答案的互斥性，从而保证了问卷的调查结果。

操作：

下面，我们将给出几个需要修改的问卷题，请试着对照上面的要点找出问题并进行修改，巩固对问卷题设计的认识。

1. [ ] 如果可以选择的话，带养人员的性别应是女性而不是男性：①是 ②否

2. [ ] 有人认为目前我国教师、知识分子收入偏低，你是否同意这个观点？①是 ②否

3. [ ] 你的配偶参与带养孩子的情况：①完全不参与 ②基本不参与 ③参与一部分 ④主要带养人

二、开展调查

经过反复的思考、试测与修改，问卷终于设计完成。于是，我们组织课题组成员开展调查。一般说来，我们按照下面的步骤来开展调查：

1. 确定调查样本

在开展问卷调查前，需要选择并确定调查的样本。选择样本的方式有很多，但要注意选择样本时一定要从所要研究的对象中选。若要进行“0～3岁婴幼儿家长科学育儿指导的调查”，那么就要在有0～3岁婴幼儿的家庭中抽样。而且样本要有代表性，一般常用的抽样方法有：

(1) 简单随机抽样。它是随机抽样方法中最基本、运用最广泛、

简便易行的抽样方法。是指对总体中的所有个体按完全符合随机原则的特定方法抽取样本，即抽样时不进行任何分组、排列，使总体中的任何个体都同样有被抽取的平等机会。

主要方式：①抽签。比如，我们可以给××市有0～3岁婴幼儿的家庭编号，每个号码做成一个签，将全部签混合后，随机从中抽取，被抽到签号的家庭就进入样本，直到取够所需样本数目为止。②随机数字表[①]。它是将0～9的10个自然数，按编码位数的要求（如两位一组，3位一组，5位甚至10位一组），利用特制的摇码器（或计算机），自动地逐个摇出（或计算机生成）一定数目的号码编成表，以备查用。这个表内任何号码的出现，都有同等的可能性。利用这个表抽取样本时，可以大大简化抽样的烦琐程序。例如，我们要采用随机数字表的方式在××市100户“0～3岁婴幼儿家庭”中抽取30个样本。我们首先要将这些家庭编号，每一户家庭一个编号，即001～100（每户居民编号为3位数）。然后，在随机数字表中，随机确定抽样的起点和抽样的顺序。假定从第1行，第6列开始抽，抽样顺序从左往右。接着，依次抽出30个号码，编号为这些号码的居民家庭就是抽样调查的对象，即样本。采用随机数字表法抽取样本，完全排除主观挑选样本的可能性，使抽样调查有较强的科学性。

（2）系统随机抽样。又称等距抽样或机械抽样，这种抽样的具体做法是将总量的所有个体按一定顺序排列起来，如将100户0～3岁婴幼儿家庭排序；然后，按照固定的间隔抽取样本（间隔大小按照总体数与样本数的比率确定），如100户家庭中要抽取30户，那么间隔就是100/30=3，如从序号1开始抽，那么依次是4，7，10，13…

（3）分层随机抽样。就是先将总体依照某一种或某几种特性分为几个子总体，每个子总体称为一层，然后从每一层中随机抽取一个子样本，将这些子样本合在一起即为总体的样本。分层抽样可分为按比例分层抽样和最优分层抽样。如将100户0～3岁婴幼儿家庭按照所在街道分层，然后在每个街道中按比例随机抽样。

---

① 陶保平编著．学前教育科研方法．上海：华东师范大学出版社，1999，7：53.

(4) 整群随机抽样又称聚类抽样。是以自然群体(学校、班级等)为单位，从较大的群总体中随机抽取样本。例如，在全市幼儿园中随机抽取20所幼儿园进行一项新的教学方法的实验研究。

无论我们采用怎样的抽样方式，都要注意样本的容量。一般来说，样本数越多，代表性越好；样本数过少，抽样误差较大，代表性也较差。根据经验，样本数量为30以下称为小样本，代表性略低，样本数量为30～100为大样本，有一定代表性；样本数量为100以上，则代表性高。

2. 发放问卷

问卷的发放主要有以下三种形式：

(1) 当面分发问卷，即将调查对象集中在一处，当场分发问卷进行调查。

(2) 运用现代化手段发放问卷，比如E-mail。

(3) 较为传统的问卷发放形式，如邮寄。

问卷分发是整个问卷调查中的重要环节之一，因此在发放时要注意对发放人员的培训。要让每一位分发人员明确调查的目的、意义和内容，同时要十分熟悉问卷中的题目，以便及时进行解释。对问卷回收的时间及地点，也要在问卷中或问卷的附件中清楚写明，确保能够回收。

3. 回收和整理问卷

如果问卷是当面分发，可以当场回收，回收时要注意有没有填错或漏填的，如果有，要及时请被调查者更正或补全。这种形式有助于提高问卷的回收率和准确率，对于小范围的调查十分适用。如果不是当场回收的话，就要到固定的回收处回收问卷。如果用E-mail发放问卷，那就要及时查收邮件。

问卷的整理是问卷法的最后一个环节，同样十分重要。

(1) 要挑出不符合要求的问卷，这包括资料填写不全，题目理解错误等问卷。

(2) 要按问卷顺序制作登记表或数据表，然后给每份问卷编号，将每道题目所选答案的编号填入表格即可。

(3) 对于开放式问卷，首先阅读答案，其次按回答者的内容进行归类，最后划分到不同的类别中去。

操作：

了解了问卷调查的步骤，我们可以更有计划性地召开一次课题组会议，为我们的问卷调查制订一份计划，内容可以包括如何确定调查的样本、采用怎样的形式发放问卷，如何回收等，让我们的课题组成员更有目的、更明确地开展调查。

三、调查数据说明了什么

科学、合理的问卷设计，有计划、有组织的调查工作有效提高了问卷调查的信度和效度。接着，我们需要对调查数据进行科学的分析并用调查报告的方式呈现出来。

1. 数据的录入

分析调查数据的第一步是数据的录入。比较常用的办法是问卷回收后，我们先对有效问卷开始编号，然后将答案录入在一张事先设计好的 Excel 表格中。如表 3-2 所示，第一列是经过整理的每一份有效问卷的编号，第一行则是每一道问题的题号，中间一部分就是被调查者所填写的答案了。

表 3-2 “××市 0～3 岁婴幼儿家长科学育儿指导调查”问卷数据录入表

题号 / 问卷编号	1	2	3	4	5	6	7	8	9	10	11	…
001	2007.03	1	1	32	6	1	2	3	2	1	1	
002	2006.12	2	1	30	6	2	1	3	3	2	1	
003	2006.10	1	2	28	5	1	3	2	2	2	2	
004	2007.02	2	1	35	7	2	1	1	3	1	2	
005												
006												
…												

2. 数据的处理与分析

数据录入表的制作有利于我们更好地进行数据分析，为调查结果的形成打下基础。下面我们将介绍 Excel 软件中常用的几种数据分析工具。

（1）百分数统计

百分数统计是对调查中变量的各类型频数的统计。例如：“××区 0～3 岁婴幼儿早期家庭教养的调查”中要了解被调查家庭中婴幼儿“目前带养方式”的情况。

首先，将数据录入表中有关“目前带养方式”的题目按答案内容分类整理出来，统计出每一类的人数并制成 Excel 表格，如表 3-3：

表 3-3　不同带养方式的人数

带养方式	人　数
1. 自己家里带养	841
2. 请保姆带养	59
3. 寄托别人家庭	33
4. 教养机构带养	196
合　计	1 129

其次，在表格右侧的单元格内使用“人数”除以“合计人数”的方法统计出这一类带养方式的百分数。如统计第一项“自己家里带养”的百分数，就可以用 841/1 129，计算出这一类带养方式的百分数是 74.5％。

最后，我们还要将统计的数据汇总在一张表格上。如表 3-4：

表 3-4　不同带养方式的人数与人数百分数

带养方式	人　数	百分数（％）
1. 自己家里带养	841	74.5
2. 请保姆带养	59	5.2
3. 寄托别人家庭	33	2.9
4. 教养机构带养	196	17.4
合　计	1 129	100

（2）平均数统计

平均数是用来描述数据分布集中趋势的一个统计量。例如，某幼儿园大班组教师 6 名，要计算出 6 名教师的平均教龄，只需要将 6 名教师的教龄制成 Excel 表格，然后使用表中的函数工具“平均值”计算即可。如表 3-5：

表 3-5　××幼儿园大班教师教龄情况表

教师姓名	教　龄（年）
AA	10
BB	2
CC	5
DD	7
EE	1
FF	4
平均教龄	4.83

3. 数据的呈现方式

调查数据统计汇总后，可以用统计表或统计图的方式呈现在最终的调查报告中。

（1）统计表

制作统计表时要注意：①要有表头，交待表中数据的内容；②使用开放式表格，即表格左右两侧无竖线；③要有文字说明，如表 3-6，对表格中的数据做进一步的陈述。

表 3-6　不同互动行为主体的师幼互动百分数比较（%）

	无互动	有互动、互动行为主体	
		教　师	幼　儿
学习活动	2.4	81.7	15.9
非学习活动	6.9	69.7	23.4
合　计	6.1	71.7	22.2

由表 3-6 结果可见：学习与非学习活动中，教师开启的互动百分

比分别为 81.7%和 69.7%，而由幼儿开启的互动百分比只有 15.9%和 23.4%，在互动行为的主体上有极显著性差异，进一步体现了教师在活动中的主导意识。

（2）统计图

除了统计表外，还可以用直条图、直方图等统计图来呈现统计数据。如表 3-4：不同带养方式的人数与人数百分数也可以用统计图的方式来表示，见图 3-2。

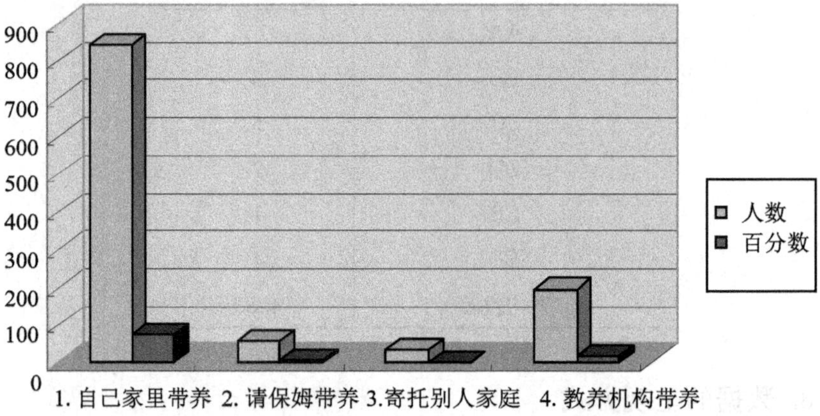

图 3-2　不同带养方式的人数与人数百分数

由图 3-2 结果可见：自己家里带养比率最高，占 74.5%；其次是教养机构带养，占 17.4%；请保姆带养第三，占 5.2%；寄托别人家庭比率最低，占 2.9%。说明 0～3 岁婴幼儿主要是自己家里带养。

操作：

将得到的调查数据一一录入到数据表中，并进行统计分析，制作成统计图或统计表，以备在撰写调查报告时随时调用。最后，组织一次课题组活动，让课题组成员审阅调查数据，并为下一阶段的行动研究作出建议。

思考题

1. 调查问卷包含哪几部分？每一部分应如何设计？

2. 结合自己的研究设计一份调查问卷并组织开展调查，统计并分析调查数据。

第三节　揭示规律——SPSS数据统计处理与表述

阅读本节内容，将让我们学会操作：

☞ SPSS数据库的建立与整理。

☞ 双变量推断性统计（χ^2 检验与 t 检验）。

在开展学前教育科研中，为了解某一问题的现状，开展了现状研究；或者为说明研究的成效，就某一问题进行研究前后的比较，由于调查对象比较多，收集到的数据也比较多，如果采用笔算或计算器计算的话，往往事倍功半，花费了大量的人力、时间进行统计处理，还很容易出错，很难保证统计结果的正确性，导致一种烦琐、低效的劳动。那么面对一大堆数据是不是就束手无策了呢？回答是否定的，现代化数据统计处理技术——SPSS软件统计处理技术可帮助我们解决这一难题。

SPSS的全称是：Statistical Program for Social Sciences，即社会科学统计程序。该软件是世界上通用的统计软件包之一，它广泛适用于各个学科领域，是非专业统计人员首选的统计软件。

SPSS11.5版本的特点：

（1）多种功能、多种选择。SPSS11.5 for Windows是一个组合式软件包，它集数据整理、分析功能、结果输出等功能于一身，可进行数据管理、描述性统计、双变量推断性统计等。幼儿园教师在开展学前教育研究时，可根据统计需要自由选择统计功能。

（2）操作简单、容易掌握。SPSS不需编写程序，而是采用类似Excel表格的方式输入与管理数据，采用菜单方式选择统计分析命令，采用对话框方式选择子命令，清晰、直观、易学易用，简明快捷。通过学习，在短期内就可掌握基本的操作。

（3）速度快、准确性高。用计算器统计一天的工作量，SPSS只要几秒钟就可完成，而且，统计结果正确、可靠。

掌握了SPSS这一现代化统计手段，可使我们的数据统计处理简便、正确、高效，进而提高科研工作的效率。

下面将从学前教育科研中的实际问题出发，结合实例深入浅出地介绍如何正确使用SPSS 11.5软件包进行统计问题的分析，包括统计方法的选择、软件的操作、对结果的解释等，突出实用性，期望给学前教育科研人员提供一个简单、明了、正确的进行学前教育科研数据处理的方法。

一、数据库的建立及数据的整理

（一）SPSS数据库的建立

在计算机上安装SPSS11.5统计软件和翻译软件“金山快译2003”，在对用调查工具通过调查收集来的数据进行统计处理前，需先建立SPSS数据库。如有一课题根据研究需要制定了“幼儿教师教育行为调查问卷”（具体问卷见附录，以下的数据统计均以所附的“幼儿教师教育行为调查问卷”为例），于是面向教师开展调查后，需对数据进行统计处理，为此，首先需要建立“幼儿教师教育行为调查问卷”SPSS数据库。

1. 打开金山快译2003统计软件

（1）在Windows窗口，双击“金山快译2003”的快捷键图标，右上角出现SPSS11.5统计软件图标；

（2）在Windows窗口，双击“SPSS11.5 for Windows”的快捷键图标，出现“导航”对话框；

（3）单击右下角的Cancel按钮，即可进入SPSS的主界面；

（4）单击主界面右上角的“译”字，主界面菜单上英文被译成中文。

请注意窗口顶部显示为“无标题的SPSS数据编辑”，表明现在所看到的是SPSS的数据管理窗口。

2. 变量的定义

（1）进入定义变量属性界面。在汉化后的SPSS主界面上，单击左下方右边的“变量查看”，即可进入定义变量属性的界面。

（2）输入变量名称。在“名字”列的各行中，输入变量的名称，然后单击回车键，变量的类型、变量的宽度等即自动生成。

【举例】 根据“幼儿教师教育行为调查问卷”，从调查问卷每一题中选择一个有代表性的词加上题号，依次输入，即为变量名称。

注意：变量名的宽度应少于8个字符；变量名的第一个字符必须是中文或英文字母，变量名后加上题号；加上题号的目的是为了便于在统计时找到相应的题目；变量名称不能重复。

3. 数据的输入

（1）进入数据编辑的数据查看

单击窗口左下方的“数据查看”，切换到“数据查看”窗口。

（2）输入研究数据

①激活要输入数据的单元格；② 在激活的单元格上输入相应的数据。

【举例】 将“幼儿教师教育行为调查问卷”的数据输入。

操作步骤

（1）将所有“幼儿教师教育行为调查问卷”进行编号，从第一张问卷“1”直到最后一张问卷，如“380”。

（2）从1号问卷的第1题开始，将问卷中的每一项目的答案输入相应的变量名称的单元格中，每输入一个数据后，单击→键继续，直至43题全部输入完毕。如发现有的项目没有回答，则不需输入任何内容。

（3）再输入第2份调查问卷，方法同上，依此类推，直至380张调查问卷全部输入完毕。

4. 数据库的保存和打开

（1）保存输入数据

单击“文件”—“另存为”，出现“保存数据同样地”对话框，在“保存在”右侧的框中选择“文件夹”，在“文件名”右侧的框中输入“具体的文件名”，如“幼儿教师教育行为调查数据”，“保存类型”为SPSS（＊.sav)，单击“保存”，则输入的数据已保存。

【举例】 将输入的“幼儿教师教育行为调查问卷”数据保存在程序（D:）。

操作步骤

先单击“文件”—“另存为”，在“保存在”右侧的框中利用▼选择“文件夹”为程序（D:），在“文件名”右侧的框中输入“幼儿教师教育行为调查问卷数据”，“保存类型”为SPSS（*.sav），单击“保存”，则“幼儿教师教育行为调查问卷”的数据已保存。

（2）打开数据库

桌面上，双击“金山快译2003”；打开SPSS11.5 for Windows；单击右上角“译”；单击“文件”—“打开”—“数据”，单击，出现“打开文件”对话窗口，在“查找范围”右边框中选择文件夹，在“查找范围”下面框中选择“文件名”，找到文件名后单击，在“文件类型”中选择“SPSS（*.sav）”，单击“打开”，即出现该数据。

【举例】 打开“幼儿教师教育行为调查问卷数据”。

操作步骤

先打开“金山快译2003”，再打开SPSS，单击“文件”—“打开”—“数据”，在“查找范围”右边框中选择在程序（D:），在“查找范围”下面框中找到“幼儿教师教育行为调查问卷数据”并单击，则“幼儿教师教育行为调查问卷数据”出现在“文件名”右侧的框中，在“文件类型”中选择“SPSS（*.sav）”，单击“打开”，即出现“幼儿教师教育行为调查问卷数据”的数据库。

（二）数据的整理

在输入原始数据建立数据库后，还需根据统计要求，对原始数据进行一番整理后，才能对数据进行统计。

1. 数据排序

建立数据库以后，为保证输入数据的正确性，检出不正确的数据，需对输入的数据进行排序。

数据排序是根据某一个变量的大小对全部对象从大到小或从小到大进行重新排列。

【举例】 我们对“幼儿教师教育行为调查问卷数据”的“内容29”（29. 您平时最主要倾听幼儿的什么?）变量按从小到大进行排列，检查数据是否正确。

操作步骤

（1）“数据”—“种类箱”，出现“种类箱”窗口；

（2）在左侧窗口中选择变量“内容 29”，单击窗口中间的“▶”，这时“内容 29”变量被转移到右面的“种类在：[S]”窗口中；

（3）在“排序顺序”窗口中选择“上升（从小到大）”，也就是用鼠标单击“上升”前的圆点，使“上升”前的圆框中出现黑圆点；

（4）单击“OK”按钮；

（5）拖动滚动条检查数据，如数据都在问卷提供的答案范围内，即这道题检查通过；如果有数据超出了问卷提供的答案范围，则根据编号找到这份问卷，再核对这道题的答案，如果是输错了，则根据问卷上填写的数字将正确的数字重新输入。如果是被调查者填错了，则要将这份问卷的所有数据都删除，即删除观察量。

2. 删除观察量（删除有不良数据的对象）

对数据进行排序后，如发现有不良数据，也就是数据超出了问卷上所提供的答案，则需删除。删除观察量，即把具有不良数据对象的全部数据从数据库上删除，使它不影响分析结果的可靠性。

【举例】 把具有不良数据对象“33”号的全部数据从数据库上删除。

操作步骤

（1）在“数据查看”状态下，单击待删除的（第 33 号）对象的行标题，使其全部数据颜色加深；

（2）“编辑”—“清除”，可见（第 33 号）原数据颜色加深对象的全部数据已消失。

在SPSS数据编辑窗口，录入自己调查的数据，以建立自己调查数据的数据库，并对数据进行排序，删除不良数据后对数据库进行保存。

二、现状研究中单变量描述性统计及表述

单变量描述性统计主要描述某一变量的现状。单变量是指某一独立变量，这一变量或者是类别资料或者是数量化资料。

描述性统计是指：不涉及两个变量之间的关系，可以分为类别资料的单变量描述性统计和数量化资料的单变量描述性统计两种。

我们在进行了某一问题的现状调查后，就可进行单变量描述性统计。

（一）类别资料的描述性统计及表述

类别资料是指计数资料。类别资料的描述性统计主要用来统计某一变量类别资料的人数及百分数。

【举例】 计算教师平时倾听幼儿不同内容的人数和百分数。

1. 操作步骤

（1）“分析［A］”—“描述的统计学［E］”—“频率［F］”，出现“频率”对话窗口。

（2）单击窗口左边的变量名称“内容29”，再单击窗口中间的“▶”，则“内容29”从左边移入右边的“变量［S］：［V］”框内。

（3）单击窗口右面的“好”，则出现“Output1—SPSS查看”。见图3-3。

在“Output1—SPSS查看”上呈现出统计结果。其中上面“统计学”表表示有379个有效数据，没有无效数据。下面的“内容29”表上说明：教师平时倾听幼儿不同内容的人数、百分数、有效百分数和累计的百分数。

2. 编制统计表及表述

（1）编制统计表——将统计结果录入表格

单击左键选中“Output1—SPSS查看”上“内容29”输出结果；

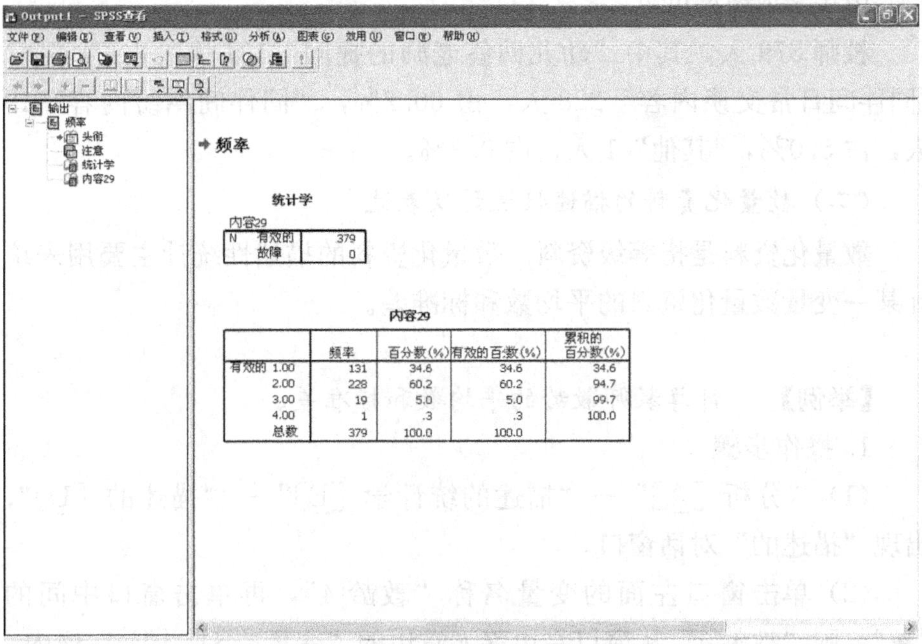

图 3-3　教师平时倾听幼儿不同内容的人数和百分数

单击右键，选中"复制"；进入"Word"；单击右键，选中"粘贴"；将表格稍作修改：

①加表头：表 3-7　教师平时倾听幼儿不同内容的人数及百分数的比较；

②将行标题、列标题改为文字，如表 3-7。

表 3-7　教师平时倾听幼儿不同内容的人数及百分数的比较

	人数	百分数（%）
幼儿回答老师的提问	131	34.6
同伴间日常交谈内容	228	60.2
同伴间纠纷内容	19	5.0
其他	1	0.3
合计	379	100.0

（2）统计表的表述

将统计表中总的人数、百分数及各类别的人数、百分数进行说明。

由表 3-7 结果可见：

教师 379 人，其中“幼儿回答老师的提问”131 人，占 34.6%，“同伴间日常交谈内容”228 人，占 60.2%，“同伴间纠纷内容”19 人，占 5.0%，“其他”1 人，占 0.3%。

（二）数量化资料的描述性统计及表述

数量化资料是指等级资料。数量化资料的描述性统计主要用来统计某一变量数量化资料的平均数和标准差。

【举例】 计算教师教龄的平均数和标准差。

1. 操作步骤

（1）“分析［A］”—“描述的统计学［E］”—“描述的［D］”，出现“描述的”对话窗口。

（2）单击窗口左面的变量名称“教龄 4”，再单击窗口中间的“▶”，则“教龄 4”从窗口左边移入右边的“变量［S］：［V］”框内。

（3）单击窗口右下角“选项［O］”，则出现“描述的：选项”窗口。

（4）选择“低劣的［M］”（平均数）和“Std. 背离［T］”（标准差）：在这两个项目前的空白方框内单击，使其出现“√”。

（5）选择“变量列表［B］”：在这个项目前的空白圆框内单击，使其出现“·”。

（6）单击“继续”，回到“描述的”窗口。

（7）单击“OK”，出现“Output1—SPSS 查看”。

表中呈现出“描述的统计学”统计结果，表格中“N”表示“人数”、“低劣的”表示“平均数”、“std. 背离”表示“标准差”。

2. 编制统计表及表述

（1）编制统计表——将统计结果录入表 3-8

表 3-8 教师教龄的平均数和标准差比较

	人数	平均教龄（年）	标准差
教龄	379	12.29	8.03

（2）统计表的表述

将统计表中总的人数、平均数及标准差进行说明。

由表 3-8 结果可见：被调查的 379 位教师，其平均教龄为 12.29 年，标准差为 8.03。

三、现状研究中双变量的推断性统计及表述

双变量是指两个变量，这两个变量或者都是类别资料或者一是类别资料、一是数量化资料。因此，双变量的推断性统计可以分为“类别资料”对“类别资料”的双变量推断性统计（χ^2 检验）、“类别资料”对“数量化资料”的双变量推断性统计（单变量方差分析）。

（一）“类别资料”对“类别资料”的双变量推断性统计（χ^2 检验）及表述

1. R（行）×C（列）表双变量推断性统计（χ^2 检验）

R×C 表是指有 R 行、C 列组成的表格。R×C 表主要用于统计第一变量各种类别的对象，它们第二变量各种类别的人数及百分数，并对各类对象第二变量各种类别的人数分布的差别进行显著性检验。

【举例】 进行“学历 2”与“内容 29”这两个类别资料的推断性统计——χ^2 检验，即要求说明不同学历的教师，其平时倾听幼儿内容的人数和百分数的差别，是否显著。

操作步骤

（1）“分析［A］”—“描述的统计学［E］”—“交叉表［C］”，出现“交叉表”对话窗口；

（2）“学历 2”移到右面的“行［S］：［O］”（用于选择行变量）框中，“内容 29”移到右面的“列［S］：［C］”（用于选择列变量）框中；

（3）单击“统计学［S］”按钮，选择左上角的“Chi—正方形［H］”框（计算 χ^2 值）；单击“继续”按钮；

（4）再单击“单元格［E］”按钮，在“计数”框下选择“观察［O］”（输出实际观察数），在“百分数”框下选择“行［R］”（输出

百分数）；单击“继续”按钮；

（5）单击“OK”按钮，出现“Output1—SPSS 查看”窗口，内有 χ^2 检验的结果。见图 3-4。

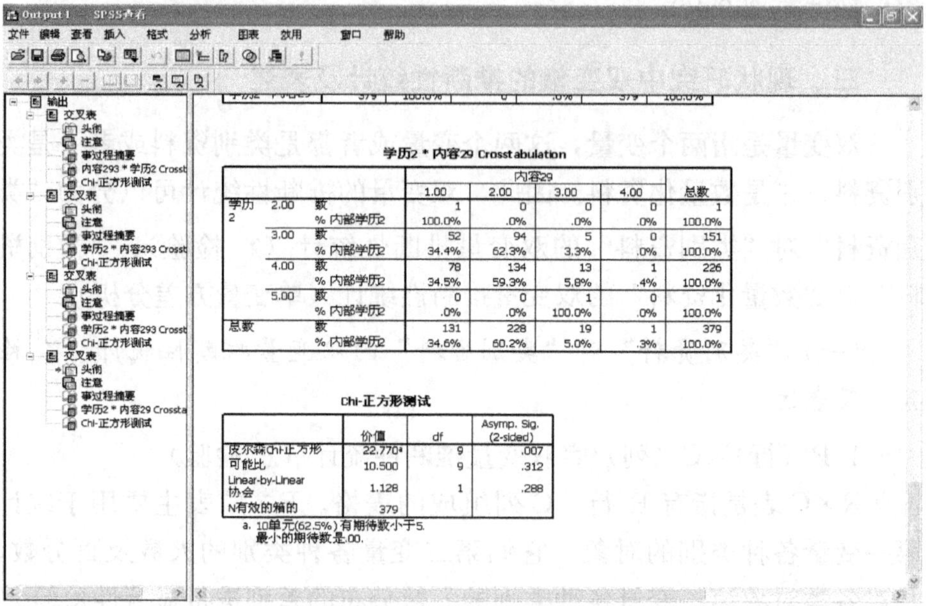

学历2 * 内容29 Crosstabulation

			内容29				总数
			1.00	2.00	3.00	4.00	
学历2	2.00	数	1	0	0	0	1
		% 内部学历2	100.0%	.0%	.0%	.0%	100.0%
	3.00	数	52	94	5	0	151
		% 内部学历2	34.4%	62.3%	3.3%	.0%	100.0%
	4.00	数	78	134	13	1	226
		% 内部学历2	34.5%	59.3%	5.8%	.4%	100.0%
	5.00	数	0	0	1	0	1
		% 内部学历2	.0%	.0%	100.0%	.0%	100.0%
总数		数	131	228	19	1	379
		% 内部学历2	34.6%	60.2%	5.0%	.3%	100.0%

Chi-正方形测试

	价值	df	Asymp. Sig. (2-sided)
皮尔森Chi-正方形	22.770a	9	.007
可能比	10.500	9	.312
Linear-by-Linear 协会	1.128	1	.288
N有效的箱的	379		

a. 10单元(62.5%) 有期待数小于5. 最小的期待数是.00.

图 3-4　不同学历的教师平时倾听幼儿内容的人数和百分数及差别显著性检验

从图 3-4“学历 2 * 内容 29”表中可以看到：不同学历的教师，其平时倾听幼儿内容的人数和百分数；从“Chi—正方形测试”表中可以看到：不同学历的教师，其平时倾听幼儿内容的人数和百分数有极显著性差别（P＝0.007＜0.01）。

但上面的统计结果不能说明到底是哪些不同学历的教师，其平时倾听幼儿内容的人数和百分数有极显著性差别。为说明到底是哪些不同学历的教师，其平时倾听幼儿内容的人数和百分数有极显著性差别，可进行进一步的统计检验，需对“内容 29”重新赋值，将“学历 2”和“内容 29”各分成两类，对变量值进行分类。

变量值的分类，是将原来数据的变量值，合并成两类，成为 2（行）×2（列）四格表。

2. 2（行）×2（列）四格表双变量推断性统计（χ^2 检验）及表述

2×2 表是指由 2 行、2 列组成的表格。其主要用于统计第一变量有两种类别的对象，它们第二变量两种类别的人数及百分数，并对二类对象第二变量两种类别的人数分布的差别进行显著性检验。

【举例】 进行“学历2”二二比较与“内容29”二二比较的四格表双变量推断性统计——χ^2检验，即要求说明学历和学历之间（如大专和大学本科间）的教师，其平时倾听幼儿内容与内容之间的人数和百分数的差别，是否显著。

说明：要对以上案例进行加工、改造，增加“名字”名“内容29”为“内容291”，将所有倾听的内容分成“幼儿回答老师的提问”与“非幼儿回答老师的提问”两类，原始数据库中“幼儿回答老师的提问”变量的数值是“1”不变，其余均改为“2”；增加“名字”名“内容29”为“内容292”，将所有倾听的内容分成“同伴间日常交谈内容”与“非同伴间日常交谈内容”两类，原始数据库中“同伴间日常交谈内容”变量的数值是“1”，其余均改为“2”；增加“名字”名“内容29”为“内容293”，将所有倾听的内容分成“同伴间纠纷内容”与“非同伴间纠纷内容”两类，原始数据库中“同伴间纠纷内容”变量的数值是“1”，其余均改为“2”；增加“名字”名“内容29”为“内容294”，将所有倾听的内容分成“其他”与“非其他”两类，原始数据库中“其他”变量的数值是“1”，其余均改为“2”，即要插入变量。插入变量，是指在现有变量中间的某一列上增加一个变量。

准备步骤

（1）插入变量——插入变量“内容291”，也就是要在“内容29”和“听时候30”两个变量之间增加一个“内容291”变量。

①单击左下角右侧的“变量查看”，进入“变量查看”状态；

②单击左侧“听时候30”行标题，使“听时候30”变量下的全部数据颜色加深；

③数据［D］——插入变量［V］，在“内容29”和“听时候30”两个变量之间会出现一个未定义名称的新变量“变量”；

④将出现的新变量名称改为“内容291”；

⑤进入“数据查看”，可以看见在“内容29”和“听时候30”两个变量之间出现一未予赋值、但名称为“内容291”的新变量。

插入变量“内容292”“内容293”“内容294”，方法同“内容291”。

(2) 重新赋值——对“内容29”的重新赋值

① 改变［T］-Recode［R］-到不同的变量［D］，出现“Recode到不同的变量”对话窗口；

② 在左面窗口中选择变量“内容29”，单击窗口中间的“▶”，这时“内容29”变量被转移到中间的“输入变量→输出变量：［V］”窗口内，“输入变量→输出变量：［V］”成“数字的变量→输出变量：［V］”；

③在右面的“输出量”窗口下的“名字：［N］”框内输入“内容291”字样，单击“改变［C］”按钮，出现“SPSS为了窗口”对话窗口，内有“这变量名字复制现有的变量名字”这句话，单击“确定”。“数字的变量→输出变量：［V］”窗口内出现“内容29→内容291”字样；

④单击“年老的和新的价值［O］”按钮，出现“Recode到不同的变量：年老的和新的价值”对话窗口；

⑤在左面“年老的值”窗口下面“价值”右面空白框内输入“1”；在右面“新的值”窗口下面“价值”右面的空白框内输入“1”；单击右下面的“增加［A］”按钮，此时在右面“年老的→新：［D］”框内出现“1→1”；

⑥在左面“年老的值”窗口下面“价值”右面空白框内输入“2”，在右面“新的值”窗口下面“价值”右面的空白框内输入“2”，单击下面的“增加［A］”按钮，此时在右面“年老的→新：［D］”框内出现“2→2”；继续进行类似上面的操作，出现“3→2”“4→2”；

⑦单击“继续”按钮，回到“Recode到不同的变量”窗口；

⑧单击“OK”按钮。

“内容292”、“内容293”、“内容294”的重新赋值操作同“内容291”的重新赋值。

(3) 进行“学历2”二二比较与“内容29”二二比较的推断性统计——χ^2检验

由于“学历2”有4个答案，在进行“学历2”与“内容291”这两个类别资料的双变量推断性统计时，首先需选出其中两个学历，如选出高中（中专、技校）与大专、大学本科、硕士及以上二二比较，再是大专与大学本科、硕士及以上二二比较，第三是大学本科与硕士及以上二二比较，这样学历二二比较全做完。具体操作是将“学历2”排序，然后保留需要比较的二个学历类别，删除其余的学历类别：

①“数据”—“种类箱”，出现“种类箱”窗口；

② 在左面窗口中选择变量“学历2”，单击窗口中间的“▶”，这时“学历2”变量被转移到右面的“种类在：[S]”窗口中；

③在“排序顺序”窗口中选择“上升（从小到大）”，也就是用鼠标单击“上升”前的圆点，使“上升”前的圆框中出现黑圆点；

④单击“OK”按钮（学历按从小到大顺序排好，只有高中（中专、技校）、大专、大学本科、硕士及以上）；

⑤于是，分别比较“高中（中专、技校）与大专”、“高中（中专、技校）与大学本科”、“高中（中专、技校）与硕士及以上”两个类别、“大专与大学本科”、“大专与硕士及以上”两个类别、“大学本科与硕士及以上”两个类别，与“内容291”、“内容292”、“内容293”、“内容294”这两个类别资料的双变量推断性统计——χ^2检验。

在进行双变量推断性统计时，选择了两个学历，如选择了“高中（中专、技校）与大专”，则将“大学本科”、“硕士及以上”的学历删除：

在“数据查看”状态下，选中待删除的“大学本科”、“硕士及以上”，“编辑”—“清除”，可见“大学本科”、“硕士及以上”原数据颜色加深对象的全部数据已消失。

在此基础上，就可统计“高中（中专、技校）与大专”分别与“内容291”、“内容292”、“内容293”、“内容294”这两个类别资料的双变量推断性统计——χ^2检验。

操作步骤

(1)“分析［A］”—“描述的统计学［E］”—“交叉表［C］”，出现“交叉表”对话窗口；

(2)“学历 2”移到右面的“行［S］：［O］”（用于选择行变量）框中，“内容 291”移到右面的“列［S］：［C］”（用于选择列变量）框中；

(3) 单击“统计学［S］”按钮，选择左上角的“Chi—正方形［H］”框（计算 χ^2 值）；单击“继续”按钮；

(4) 再单击“单元格［E］”按钮，在“计数”框下选择“观察［O］”（输出实际观察数），在“百分数”框下选择“行［R］”（输出百分数）；单击“继续”按钮；

(5) 单击“OK”按钮，出现“Output1—SPSS 查看”窗口，内有 χ^2 检验的结果。

依次操作“高中（中专、技校）与大专”分别与“内容 292”、“内容 293”、“内容 294”这两个类别资料的双变量推断性统计——χ^2 检验，方法同上。

再依次操作“大专与大学本科”、“大专与硕士及以上”两个类别，与“内容 291”、“内容 292”、“内容 293”、“内容 294”这两个类别资料的双变量推断性统计——χ^2 检验；“大学本科与硕士及以上”两个类别，与“内容 291”、“内容 292”、“内容 293”、“内容 294”这两个类别资料的双变量推断性统计——χ^2 检验。方法同“高中（中专、技校）与大专”与“内容 291”的双变量推断性统计——χ^2 检验。

一个个操作后发现：从“Chi—正方形测试”表中可以看到：大专与硕士及以上、大学本科与硕士及以上都是在“同伴间纠纷内容”间有极显著性差异（$P=0.000<0.01$）。见图 3-5、图 3-6。

这样，就可明确不同学历的教师，其平时倾听幼儿内容的人数和百分数有极显著性差别（$P=0.007<0.01$）主要是在大专与硕士及以上、大学本科与硕士及以上都是在“同伴间纠纷内容”间有极显著性差异（$P=0.000<0.01$）。

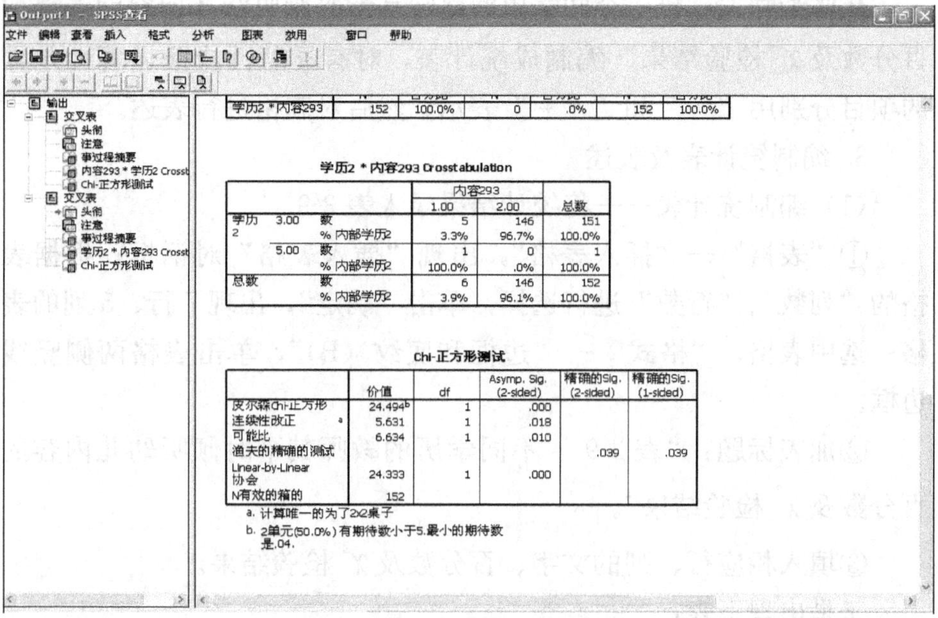

学历2 * 内容293	152	100.0%	0	.0%	152	100.0%

学历2 * 内容293 Crosstabulation

			内容293		总数
			1.00	2.00	
学历2	3.00	数	5	146	151
		% 内部学历2	3.3%	96.7%	100.0%
	5.00	数	1	0	1
		% 内部学历2	100.0%	.0%	100.0%
总数		数	6	146	152
		% 内部学历2	3.9%	96.1%	100.0%

Chi-正方形测试

	价值	df	Asymp. Sig. (2-sided)	精确的Sig. (2-sided)	精确的Sig. (1-sided)
皮尔森Chi-正方形	24.494b	1	.000		
连续性改正a	5.631	1	.018		
可能比	6.634	1	.010		
渔夫的精确的测试				.039	.039
Linear-by-Linear 协会	24.333	1	.000		
N有效的箱的	152				

a. 计算唯一的为了2x2桌子

b. 2单元(50.0%)有期待数小于5.最小的期待数是.04.

图 3-5 大专与硕士及以上的教师平时倾听幼儿“同伴间纠纷内容”的差别显著性检验

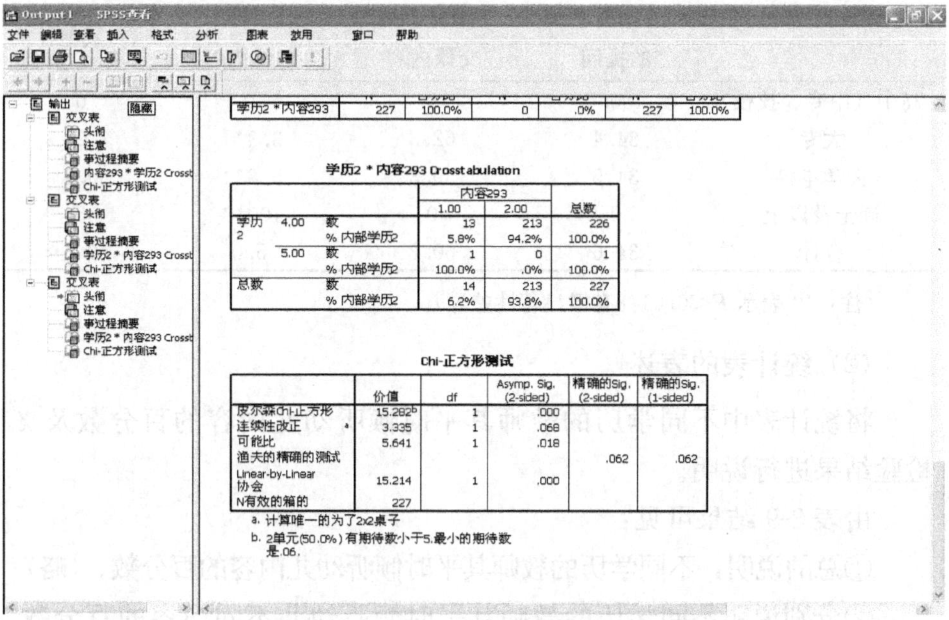

学历2 * 内容293	227	100.0%	0	.0%	227	100.0%

学历2 * 内容293 Crosstabulation

			内容293		总数
			1.00	2.00	
学历2	4.00	数	13	213	226
		% 内部学历2	5.8%	94.2%	100.0%
	5.00	数	1	0	1
		% 内部学历2	100.0%	.0%	100.0%
总数		数	14	213	227
		% 内部学历2	6.2%	93.8%	100.0%

Chi-正方形测试

	价值	df	Asymp. Sig. (2-sided)	精确的Sig. (2-sided)	精确的Sig. (1-sided)
皮尔森Chi-正方形	15.282b	1	.000		
连续性改正a	3.335	1	.068		
可能比	5.641	1	.018		
渔夫的精确的测试				.062	.062
Linear-by-Linear 协会	15.214	1	.000		
N有效的箱的	227				

a. 计算唯一的为了2x2桌子

b. 2单元(50.0%)有期待数小于5.最小的期待数是.06.

图 3-6 大学本科与硕士及以上的教师平时倾听幼儿“同伴间纠纷内容”的差别显著性检验

在此基础上，将“不同学历的教师其平时倾听幼儿内容的人数和百分数及 χ^2 检验结果”编制成统计表，对有显著性或极显著性差异的项目分别用“＊”和“＊＊”表示，然后对表格进行表述。

3. 编制统计表及表述

（1）编制统计表——将统计结果录入表 3-9

①“表格”—“插入表格”，出现“插入表格”对话框；根据表格的“列数”、“行数”进行选择，单击“确定”，出现 7 行、5 列的表格；选中表格，“格式”—“边框和底纹（B）”，单击表格两侧竖线边框。

②加表标题：“表 3-9　不同学历的教师其平时倾听幼儿内容的百分数及 χ^2 检验结果”。

③填入相应行、列的文字、百分数及 χ^2 检验结果。

于是出现下表：

表 3-9　不同学历的教师其平时倾听幼儿内容的百分数及 χ^2 检验结果

	幼儿回答老师的提问	同伴间日常交谈内容	同伴间纠纷内容	其他
高中（中专、技校）	100.0	0	0	0
大专	34.4	62.3	3.3**	0
大学本科	34.5	59.3	5.8**	0.4
硕士及以上	0	0	100**	0
合计	34.6	60.2	5.0	0.3

（注：** 表示 $P<0.01$，有极显著性差异）。

（2）统计表的表述

将统计表中不同学历的教师其平时倾听幼儿内容的百分数及 χ^2 检验结果进行说明。

由表 3-9 结果可见：

①总的说明：不同学历的教师其平时倾听幼儿内容的百分数。（略）

②分别说明不同学历的教师其平时倾听幼儿不同内容的百分数。（略）

③分别说明 χ^2 检验情况：经 χ^2 检验，大专与硕士及以上、大学

本科与硕士及以上都是在“同伴间纠纷内容”间有极显著性差异（$P=0.000<0.01$）。

（二）“类别资料”对“数量化资料”的双变量推断性统计（独立样本 t 检验）及表述

“类别资料”对“数量化资料”的双变量推断性统计是指进行两样本均数差别的比较，即通常所说的两组资料的 t 检验。

如果组别是两组，就进行独立样本 t 检验。独立样本 t 检验（[Independent] Samplest T Test）过程用于进行两样本均数的比较，即常用的两样本 t 检验。主要用于某一变量的两种不同类别对象的另一变量的平均数差别进行显著性检验。

【举例】 对不同性格教师（两类对象）“创新能力”平均数的差别进行 t 检验（注：“设计新 19”、“环境新 20”、“过程新 21” 三个项目合并为“创新能力”）。

1. 操作步骤

（1）对“创新能力”进行项目合并计算

由于三个项目（“活动设计创新 19”、“环境创设创新 20”、“活动过程创新 21”）都是反映“创新能力”，为了更好地反映研究统计结果，需通过运算进行项目的合并。所谓项目合并计算，是对已有的若干变量进行运算，产生一个新的变量。

①“改变 [T]”—“计算 [C]”，出现“计算变量”窗口。

② 在“目标变量 [T]”框内，输入新变量的名称“创新能力”。

③ 在“类型标签 [L]”下面窗口中利用滚动条找到“设计新 19”，单击左键选中此变量，单击窗口中间的“▶”，这时“设计新 19”变量被转移到右面的“数字的表达：[E]”框内，单击“＋”号，再重复上述操作，直至“数字的表达：[E]”框内为“设计新 19＋环境新 20＋过程新 21”。

④ 单击“OK”。可见，最后一列增加了新变量为“创新能力”。

（2）对不同性格教师“创新能力”平均数的差别进行 t 检验

①“分析 [A]”—“比较方法 [M]”—“中立派一标本 T 测试

[T]”，出现“中立派一标本 T 测试”窗口。

②在“中立派一标本 T 测试”下面窗口中利用滚动条找到“创新能力”，单击左键选中此变量，单击窗口中间上面的“▶”，这时“创新能力”变量被转移到右上面的“测试变量［S］：［T］”（用于选入需要分析的变量）窗口内。

③在“中立派一标本 T 测试”下面窗口中利用滚动条找到“性格1”，单击左键选中此变量，单击窗口中间下面的“▶”，这时“性格1”变量被转移到右下面的“分组变量：［G］”（用于选入分组变量）框内，“分组变量：［G］”框下出现“性格 1［??］”。

④单击“定义组［D］”（指定需要比较的两组）按钮，出现“定义组”窗口。

⑤选择“使用规定的价值［U］”，并在“组1：”框内输入“1”（表示“性格”为偏外向），在“组2：”框内输入“2”（表示“性格”为偏内向），单击“继续”按钮。

⑥单击“OK”按钮，出现“Output1—SPSS 查看”窗口，内有人数、平均数、标准差、t 检验的结果。见图 3-7。

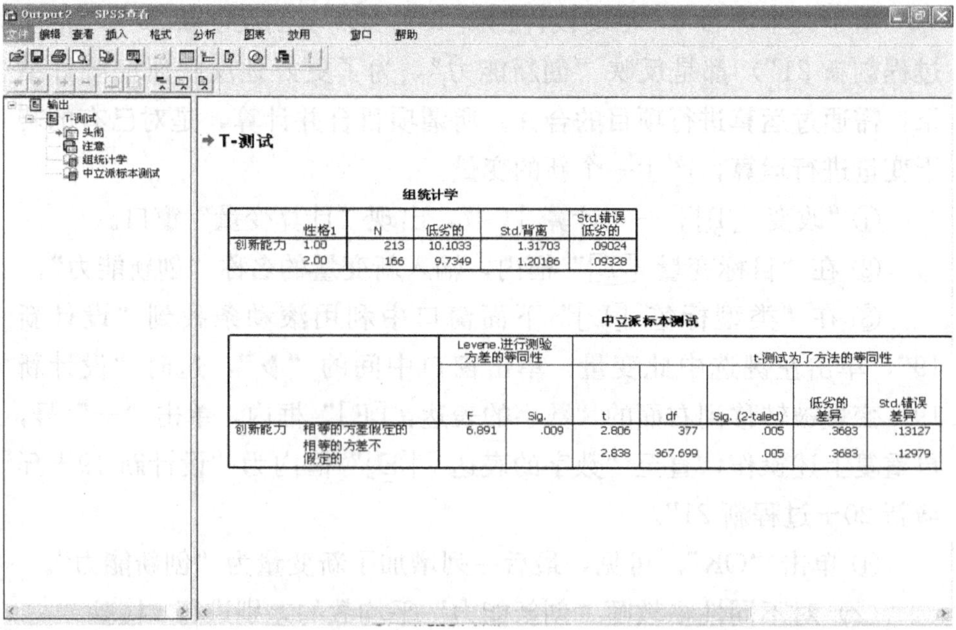

组统计学

	性格1	N	低劣的	Std.背离	Std.错误低劣的
创新能力	1.00	213	10.1033	1.31703	.09024
	2.00	166	9.7349	1.20186	.09328

中立派标本测试

		Levene.进行测验方差的等同性		t-测试为了方法的等同性				
		F	Sig.	t	df	Sig. (2-tailed)	低劣的差异	Std.错误差异
创新能力	相等的方差假定的	6.891	.009	2.806	377	.005	.3683	.13127
	相等的方差不假定的			2.838	367.699	.005	.3683	.12979

图 3-7 不同性格教师“创新能力”平均数及 *t* 检验结果

从“组织统计（Group Statistics）”表中可以看出：两种不同性格的人数，创新能力的平均数、标准差；从“中立派标本测试（Independent Samples Test）”表中可以看出 t 检验的结果，包括 t 值、自由度 df 和 P 值。

2. 编制统计表及表述

（1）编制统计表——将统计结果录入表 3-10

表 3-10　两种不同性格教师“创新能力”平均数差别的比较

	人数	平均数	标准差	t 值	自由度 df	P 值
偏外向	213	10.1033	1.31703	2.806	377	0.005
偏内向	166	9.7349	1.20186			

（2）统计表的表述

将统计表中两种不同性格教师“创新能力”平均数的差别进行说明。

由表 3-10 结果可见：调查对象中性格偏外向“创新能力”的平均得分为 10.1033，性格偏内向“创新能力”的平均得分为 9.7349，性格偏外向“创新能力”的平均得分高于偏内向。经 t 检验，发现两者的差别具有极显著性意义（$P=0.005<0.01$）。

如果组别是多组的，进行独立样本 t 检验时，就需进行两两比较。如对不同职称的教师，其“创新能力”的平均数的差别进行 t 检验。“职称”有 5 个类别，两两比较就需“未评”与“小学二级”、“未评”与“小学一级”、“未评”与“小学高级”、“未评”与“中学高级”等 10 种排列组合，这样，需进行 10 次独立样本 t 检验才能知道“职称”中哪些类别对象教师“创新能力”的平均数间的差别有极显著性意义或显著性意义或没有显著性意义。这样两两比较，耗时、麻烦，我们可以使用快捷、简便的方法，即进行单变量方差分析。

（三）“类别资料”对“数量化资料”的双变量推断性统计（单变量方差分析）及表述

单变量方差分析（One-Way ANOVA）过程用于进行三组及多组样本均数的比较，即成组设计的方差分析，还可进行随后的两两比较。其用于某一变量的多种不同类别对象的另一变量的平均数差别进行显著性检验。

【举例】 对不同职称教师"创新能力"平均数的差别进行显著性检验。

1. 操作步骤

(1) "分析 [A]"—"比较方法 [M]"—"单向 ANOVA [O]"，出现"One-Way ANOVA"窗口；

(2) 在"One-Way ANOVA"下面窗口中利用滚动条找到"创新能力"，单击左键选中此变量，单击窗口中间上面的"▶"，这时"创新能力"变量被转移到右上面的"依靠的列表：[E]"(用于选入需要分析的变量) 窗口内；

(3) 在"One-Way ANOVA"下面窗口中利用滚动条找到"职称3"，单击左键选中此变量，单击窗口中间下面的"▶"，这时"职称3"变量被转移到右下面的"因素：[F]"(用于选入分组变量) 框内；

(4) 单击"发送 hoc [H]"按钮，出现"单向 ANOVA：发送 hoc 多样的比较"窗口；在"相等的方差"下选择"LSD [L] (二二配对进行 t 检验)"，使其前面的"□"中出现"√"；选择"S-N-K [S] (每个样本容量不一样)"，使其前面的"□"中出现"√"；

(5) 单击"继续"按钮，回到"单向 ANOVA"对话窗口；

(6) 单击"选项 [O]"按钮，出现"单向 ANOVA：选项"窗口；在"统计学"下选择"描述的 [D]"、选择"方差测试的同质 [H]"，也就是使它们前面的"□"中都出现"√"；

(7) 单击"继续"按钮，回到"单向 ANOVA"对话窗口；

(8) 单击"OK"按钮，出现"Output1—SPSS 查看"窗口，在"描述统计量分析 (Descriptives)"内有人数、平均数、标准差，在"多样的比较 (Multiple Comparisons)"内有 *t* 检验的结果。见图 3-8。

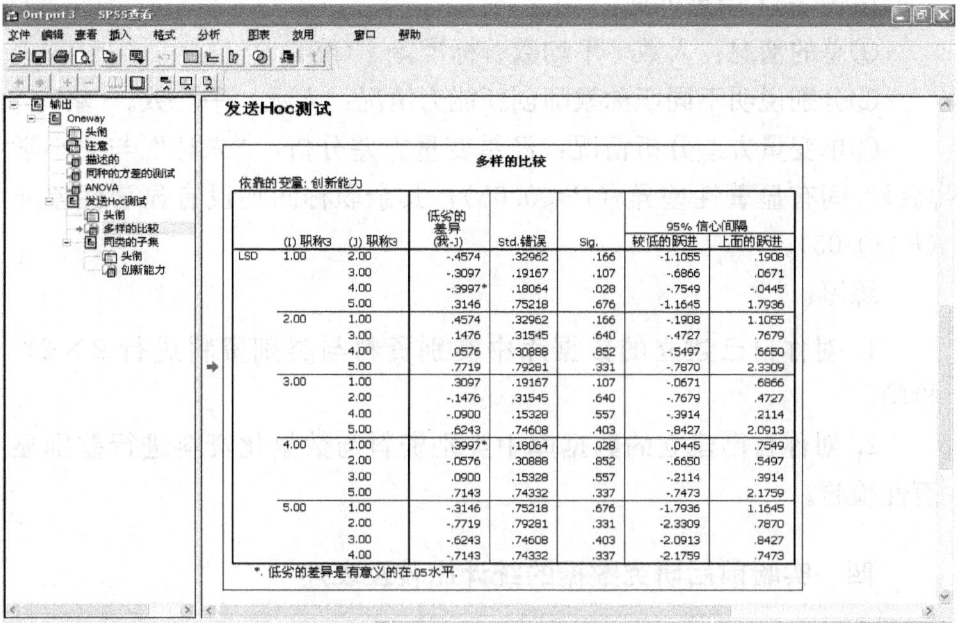

多样的比较

依靠的变量：创新能力

	(I) 职称3	(J) 职称3	低劣的差异 (我-J)	Std.错误	Sig.	95% 信心间隔 较低的跃进	95% 信心间隔 上面的跃进
LSD	1.00	2.00	-.4574	.32962	.166	-1.1055	.1908
		3.00	-.3097	.19167	.107	-.6866	.0671
		4.00	-.3997*	.18064	.028	-.7549	-.0445
		5.00	.3146	.75218	.676	-1.1645	1.7936
	2.00	1.00	.4574	.32962	.166	-.1908	1.1055
		3.00	.1476	.31545	.640	-.4727	.7679
		4.00	.0576	.30888	.852	-.5497	.6650
		5.00	.7719	.79281	.331	-.7870	2.3309
	3.00	1.00	.3097	.19167	.107	-.0671	.6866
		2.00	-.1476	.31545	.640	-.7679	.4727
		4.00	-.0900	.15328	.557	-.3914	.2114
		5.00	.6243	.74608	.403	-.8427	2.0913
	4.00	1.00	.3997*	.18064	.028	.0445	.7549
		2.00	-.0576	.30888	.852	-.6650	.5497
		3.00	.0900	.15328	.557	-.2114	.3914
		5.00	.7143	.74332	.337	-.7473	2.1759
	5.00	1.00	-.3146	.75218	.676	-1.7936	1.1645
		2.00	-.7719	.79281	.331	-2.3309	.7870
		3.00	-.6243	.74608	.403	-2.0913	.8427
		4.00	-.7143	.74332	.337	-2.1759	.7473

*. 低劣的差异是有意义的在.05水平.

图 3-8　不同职称教师“创新能力” *t* 检验结果

2. 编制统计表及表述

（1）编制统计表——将“描述统计量分析（Descriptives）”表内的人数、平均数、标准差的统计结果录入表 3-11

表 3-11　不同职称教师创新能力平均数差别的比较

	人数	平均数	标准差
未评	71	9.6479	1.33201
小学二级	19	10.1053	1.28646
小学一级	118	9.9576	1.24992
小学高级	168	10.0476	1.27533
中学高级	3	9.3333	0.57735
合计	379	9.9420	1.27939

（2）统计表的表述

将统计表中不同职称教师创新能力的人数、平均数、标准差及检验结果进行说明。

由表 3-11 结果可见：

①总的情况：人数、平均数、标准差。(略)

②分别说明不同职称教师创新能力情况：人数、平均数。(略)

③单变量方差分析情况：经单变量方差分析，“未评”与“小学高级”间有显著性差异（$P<0.05$）；其余职称间均没有显著性差异（$P>0.05$）。

练习：

1. 对你自己建立的数据库中类别资料与类别资料进行 $2\times2\chi^2$ 检验。

2. 对你自己建立的数据库中类别资料与数量化资料进行差别显著性检验。

四、实验前后研究数据的统计比较及表述

（一）单组实验的实验前后数据比较

单组实验是指对实验组对象进行基础测试后，对其采取实验措施，然后，对实验组对象进行实验后效果测试。

单组实验的实验前后数据比较，是指对实验组实验前后两次测试结果的数据进行差别显著性检验。如果实验组实验前后两次测试结果是类别资料，即进行类别资料对类别资料的双变量推断性统计（χ^2 检验）；如果实验组实验前后两次测试结果是数量化资料，即进行类别资料对数量化资料的双变量推断性统计（t 检验）。根据检验结果对实验结果进行判断。

1. 单组实验的实验前后数据类别资料对类别资料的双变量推断性统计（χ^2 检验）及表述

【举例】 对实验组幼儿教师“观察后的调控行为 38”实验前后测试的数据进行比较，并进行显著性检验。

(1) 判断进行哪类检验：“实验前后”属于类别资料（1=实验前，2=实验后），实验组幼儿教师实验前后“观察后的调控行为 38”测试结果的数据也属于类别资料。所以，进行 2（行）×C（列）表双变量推断性统计（χ^2 检验）。

为了明确说明统计结果中到底是哪些"观察后的调控行为38"间有显著性或极显著性差异，因此，可将"观察调38"分成两类，成为2（行）×2（列）四格表，然后进行2（行）×2（列）四格表双变量推断性统计（χ^2 检验）。

① 在"观察调38"下增加"变量"名为"观察调381"，将所有观察后的调控行为分成"还是按原计划进行"与"非还是按原计划进行"两类，数据库中"还是按原计划进行"变量的数值是"1"不变，其余均改为"2"。

②增加"变量"名为"观察调382"，分成"对原计划进行微调"与"非对原计划进行微调"两类，"对原计划进行微调"改为"1"，其余均为"2"。

③ 依次类推，直到增加"名字"名为"观察调384"，分成"其他"与"非其他"两类，"其他"是"1"，其余均为"2"。

（2）插入变量、重新赋值

①插入变量"观察调381"、"观察调382"、"观察调383"、"观察调384"（操作见"三、现状研究中双变量的推断性统计及表述"中"（一）'类别资料'对'类别资料'的双变量推断性统计（χ^2 检验）及表述"下的"2·2（行）×2（列）四格表双变量推断性统计（χ^2 检验）及表述"下的"（1）插入变量"）。

②重新赋值"观察调381"、"观察调382"、"观察调383"、"观察调384"（操作见"三、现状研究中双变量的推断性统计及表述"中"（一）'类别资料'对'类别资料'的双变量推断性统计（χ^2 检验）及表述"下的"2·2（行）×2（列）四格表双变量推断性统计（χ^2 检验）及表述"下的"（2）重新赋值"）。

（3）检验

实验组幼儿教师"观察后的调控行为38"实验前后测试的数据进行比较，并进行显著性检验。

操作步骤：

①"分析［A］"—"描述的统计学［E］"—"交叉表［C］"，出现"交叉表"对话窗口；

②“实验前后”移到右面的“行［S］：［O］”（用于选择行变量）框中，“观察调38”移到右面的“列［S］：［C］”（用于选择列变量）框中；

③单击“统计学［S］”按钮，选择左上角的“Chi—正方形［H］”框（计算χ^2值）；单击“继续”按钮；

④再单击“单元格［E］”按钮，在“计数”框下选择“观察［O］”（输出实际观察数），在“百分数”框下选择“行［R］”（输出百分数）；单击“继续”按钮；

⑤单击“OK”按钮，出现“Output1—SPSS查看”窗口，内有χ^2检验的结果，发现P＝0.000＜0.01，有极显著性差异。

在此基础上，需分别进行“实验前后”与“观察调381”“实验前后”与“观察调382”、“实验前后”与“观察调383”、“实验前后”与“观察调384”类别资料与类别资料双变量推断性统计——χ^2检验，即要求说明实验前后的对象，其“还是按原计划进行”、“对原计划进行微调”、“对原计划进行重大调整”、“其他”的人数和百分数的差别，是否显著。

一个个操作后发现：从“Chi—正方形测试”表中可以看到：实验前后与“观察调381”、实验前后与“观察调382”间均有极显著性差异（$P<0.01$）。

（4）编制统计表及表述

① 编制统计表——将统计结果录入表3-12

在统计基础上，将“实验组幼儿教师‘观察后的调控行为38’实验前后测试的百分数及χ^2检验结果”编制成统计表，对有显著性或极显著性差异的项目分别用“*”和“**”表示，然后对表格进行表述。

表3-12　实验组幼儿教师“观察后的调控行为”实验前后测试的百分数及χ^2检验结果

	还是按原计划进行**	对原计划进行微调	对原计划进行重大调整**	其他
实验前	11.1	76.3	8.4	4.2
实验后	1.6	75.8	20.0	2.6
合计	6.3	76.1	14.2	3.4

注：**表示$P<0.01$，有极显著性差异。

②统计表的表述

将统计表中实验组幼儿教师“观察后的调控行为”实验前后测试的百分数及 χ^2 检验结果进行说明。

由表 3-12 结果可见：

a. 从百分数方面说明总的情况。（略）

b. 分别说明实验前、实验后百分数的情况。（略）

c. 说明 χ^2 检验情况：经 χ^2 检验，实验前后与“还是按原计划进行”、“对原计划进行重大调整”间均有极显著性差异（$P<0.01$）。

2. 单组实验的实验前后原始数据类别资料对数量化资料的双变量推断性统计（t 检验）及表述

【举例】 对实验组幼儿“创新能力”实验前后测试的数据进行平均数比较，并进行显著性检验。

操作步骤：

（1）建立“幼儿教师教育行为实验前后数据”的数据库（1＝实验前，2＝实验后）（操作见“一、数据库的建立及数据的整理”下的“（一）SPSS 数据库的建立”）

（2）对幼儿教师“创新能力”进行合并（操作见“三、现状研究中双变量的推断性统计及表述”下的“（二）‘类别资料’对‘数量化资料’的双变量推断性统计（独立样本 t 检验）及表述”下的“1. 操作步骤”下的“（1）对‘创新能力’进行项目合并计算”）

（3）以“实验前后”为第一变量、“创新能力”为第二变量，进行类别资料对数量化资料的双变量推断性统计（t 检验）（操作见“三、现状研究中双变量的推断性统计及表述”下的“（二）‘类别资料’对‘数量化资料’的双变量推断性统计（独立样本 t 检验）及表述”下的“1. 操作步骤”下的“（2）对不同性格教师‘创新能力’平均数的差别进行 t 检验”）

（4）编制统计表及表述

①编制统计表——将统计结果录入表 3-13

表 3-13 实验组教师实验前后“创新能力”平均数差别的比较

	人数	平均数	标准差	t值	自由度 df	P值
实验前	190	10.1105	1.30258	2.778	378	0.006
实验后	190	9.7526	1.20706			

② 统计表的表述

将统计表中实验组教师实验前后“创新能力”平均数的差别进行说明。（略）

（二）等组实验的实验组与对照组测试结果数据比较

等组实验是指选取两个平行班，对两班对象进行基础测试，然后，根据基础测试结果选择对象组成实验组与对照组。对实验组对象采用改革措施进行教育，对对照组对象进行常规的教育，然后，对实验组对象和对照组对象进行实验后效果测试。

等组实验的实验组与对照组测试结果数据比较，是指对实验组与对照组两组基础测试和效果测试结果的数据分别进行差别显著性检验。如果实验前基础测试结果和实验后效果测试结果都是类别资料，即分别进行类别资料对类别资料的双变量推断性统计（χ^2 检验）；如果实验前基础测试结果和实验后效果测试结果都是数量化资料，即分别进行类别资料对数量化资料的双变量推断性统计（t 检验）。并根据实验前检验结果保证实验组与对照组是等组，根据实验后检验结果对实验结果进行判断。

【举例】 对实验组与对照组两组教师“创新能力”效果测试结果的原始数据进行比较，并进行显著性检验。

1. 需保证实验前实验组与对照组是等组的

（1）建立“等组实验：幼儿教师教育行为实验前实验组与对照组基础测试结果数据”的数据库（操作见“一、数据库的建立及数据的整理”下的“（一）SPSS 数据库的建立”）

（2）建立“创新能力”新变量（进行变量合并，操作见“三、现状研究中双变量的推断性统计及表述”下的“（二）‘类别资料’对‘数量化资料’的双变量推断性统计（独立样本 t 检验）及表述”下的“1. 操作步骤”下的“（1）对‘创新能力’进行项目合并计算”）

（3）进行实验前实验组与对照组基础测试结果原始数据的比较

以“组别”（1＝实验组，2＝对照组）为第一变量、“创新能力”为第二变量，进行类别资料对数量化资料的双变量推断性统计（t 检验）。操作（操作见“三、现状研究中双变量的推断性统计及表述”下的“（二）‘类别资料’对‘数量化资料’的双变量推断性统计（独立样本 t 检验）及表述”下的“1. 操作步骤”下的“（2）对不同性格教师‘创新能力’平均数的差别进行 t 检验”）

从“组织统计学（Group Statistics）”表中可以看出：实验前实验组教师与对照组教师的人数均为 180 人，实验组“创新能力”的平均数为 10.0056、标准差为 1.25737，对照组“创新能力”的平均数为 9.9833、标准差为 1.30951；从“中立派标本测试（Independent Samples Test）”表中可以看出 t 检验的结果，包括 $t=0.164$、自由度 $df=358$、$P=0.870$。

（4）使实验组与对照组两组的平均数更接近

实验组需删除 1 个高分的“创新能力”，对照组需删除 1 个低分的“创新能力”，使实验组与对照组两组的平均数几乎没有差异。

① 对“创新能力”数据排序（操作见“一、数据库的建立及数据的整理”下的“（二）数据的整理”下的“1. 数据排序”）

②删除实验组 1 个高分的“创新能力”、对照组 1 个低分的“创新能力”（操作见“一、数据库的建立及数据的整理”下的“（二）数据的整理”下的“2. 删除观察量”）

③ 继续进行实验组与对照组类别资料对数量化资料的双变量推断性统计（t 检验）（操作见“三、现状研究中双变量的推断性统计及表述”下的“（二）‘类别资料’对‘数量化资料’的双变量推断性统计（独立样本 t 检验）及表述”下的“1. 操作步骤”下的“（2）对不同性格教师‘创新能力’平均数的差别进行 t 检验”）

从“组织统计学（Group Statistics）”表中可以看出：实验前实验组教师与对照组教师的人数均为 179 人，实验组“创新能力”的平均数为 9.9944、标准差为 1.25195，对照组“创新能力”的平均数为

10.0000、标准差为 1.29389；从“中立派标本测试（Independent Samples Test）”表中可以看出 t 检验的结果，包括 $t=-0.042$、自由度 $df=356$、$P=0.967$。

④ 确定实验组与对照组对象。通过几次的尝试操作，根据实验前实验组删去 1 个对象（第 3 号）、对照组删去 1 个对象（第 207 号）后，实验组与对照组教师“创新能力”的平均数比较接近的情况，实验组与对照组各有 179 人组成。由此可以认为：实验前实验组与对照组是等组的。

2. 实验后实验组与对照组“创新能力”测试结果的比较——类别资料对数量化资料的双变量推断性统计（t 检验）

（1）建立“等组实验：幼儿教师教育行为实验后实验组与对照组效果测试结果数据”的数据库（操作见“一、数据库的建立及数据的整理”下的“（一）SPSS 数据库的建立”）

（2）建立“创新能力”新变量（操作见“三、现状研究中双变量的推断性统计及表述”下的“（二）‘类别资料’对‘数量化资料’的双变量推断性统计（独立样本 t 检验）及表述”下的“1. 操作步骤”下的“（1）对“创新能力”进行项目合并计算”）

（3）实验后实验组与对照组“创新能力”效果测试结果原始数据进行类别资料对数量化资料的双变量推断性统计（t 检验）

在数据库中，“组别”属于类别资料，实验后实验组与对照组两组教师“创新能力”效果测试结果的原始数据是数量化资料。所以，以“组别”（1=实验组，2=对照组）为第一变量、“创新能力”为第二变量，进行类别资料对数量化资料的双变量推断性统计（t 检验）。（操作见“三、现状研究中双变量的推断性统计及表述”下的“（二）‘类别资料’对‘数量化资料’的双变量推断性统计（独立样本 t 检验）及表述”下的“1. 操作步骤”下的“（2）对不同性格教师‘创新能力’平均数的差别进行 t 检验”）。

从“组织统计学（Group Statistics）”表中可以看出：实验后实验组教师与对照组教师的人数均为 179 人，实验组“创新能力”的平均数为 10.1955、标准差为 1.28552，对照组“创新能力”的平均数为 9.7430、标准差为 1.11723；从“中立派标本测试（Independent Samples Test）”表中可以看出 t 检验的结果，包括 $t=3.555$、自由度 $df=356$、$P=0.000$。

（4）编制统计表及表述

① 编制统计表——将统计结果录入表 3-14

表 3-14　实验后实验组与对照组教师“创新能力”平均数差别的比较

	人数	平均数	标准差	t 值	自由度 df	P 值
实验组	179	10.1955	1.28552	3.555	356	0.000
对照组	179	9.7430	1.11723			

② 统计表的表述

将统计表中实验后实验组与对照组教师“创新能力”平均数的差别进行说明。（略）

3. 实验后实验组与对照组效果测试结果原始数据的比较——类别资料对类别资料的双变量推断性统计（χ^2 检验）及表述

【举例】　对实验组与对照组两组幼儿教师的“观察后解读行为”效果测试结果的原始数据进行比较，并进行显著性检验。

（1）确定进行 2（行）×2（列）χ^2 检查

在数据库中，“组别”属于类别资料，实验组与对照组两组幼儿教师“观察后解读行为”效果测试结果的原始数据也属于类别资料。所以，进行 2（行）×C（列）表双变量推断性统计（χ^2 检验）。为了明确说明统计结果中到底是哪些“观察后读行为”间有显著性或极显著性差异，因此，可将“解读行为”分成两类，成为转换成 2（行）×2（列）四格表，然后进行 2（行）×2（列）四格表双变量推断性统计（χ^2 检验）。

（2）插入变量“观察读 321”、重新赋值

在“观察读 32”下增加“变量”名为“观察读 321”，将所有观察后解读行为分成“不太能理解幼儿”与“非不太能理解幼儿”两类，“不太能理解幼儿”是“1”不变，其余均改为“2”。还有插入变量“观察读

322”和重新赋值、插入变量“观察读 323”和重新赋值、插入变量“观察读 324”和重新赋值。(操作见“三、现状研究中双变量的推断性统计及表述”中“(一)‘类别资料’对‘类别资料’的双变量推断性统计(χ^2 检验)及表述”下的“2.2(行)×2(列)四格表双变量推断性统计(χ^2 检验)及表述”下的“(1)插入变量”和“(2)重新赋值”)。

(3)进行“组别”与“观察读 321”这两个类别资料的推断性统计——χ^2 检验

要求说明不同组别的对象，其“不太能理解幼儿”与“非不太能理解幼儿”的人数和百分数的差别，是否显著。(操作见“三、现状研究中双变量的推断性统计及表述”中“(一)‘类别资料’对‘类别资料’的双变量推断性统计(χ^2 检验)及表述”下的“2.2(行)×2(列)四格表双变量推断性统计(χ^2 检验)及表述”下的“(3)进行‘学历 2’二二比较与‘内容 29’二二比较的推断性统计——χ^2 检验”下的“操作步骤”)。

还可继续分别进行“组别”与“了解幼儿少量需求”、“非了解幼儿少量需求”，“组别”与“了解幼儿大部分需求”、“非了解幼儿大部分需求”，“组别”与“了解幼儿全部需求”、“非了解幼儿全部需求”的人数及百分数统计、差别显著性检验。

(4)编制统计表及表述

① 编制统计表——将统计结果录入表 3-15

表 3-15　实验后实验组与对照组两组幼儿教师“观察后解读行为”的百分数分布及 χ^2 检验结果

	不太能理解幼儿	了解幼儿少量需求**	了解幼儿大部分需求	了解幼儿全部需求*
实验组	0	1.1	89.4	9.5
对照组	0	8.9	87.2	3.9
合计	0	5.0	88.3	6.7

注：* 表示 $P<0.05$，有显著性差异；** 表示 $P<0.01$，有极显著性差异。

②统计表的表述

将统计表中实验后实验组与对照组两组幼儿教师“观察后解读行为”的百分数分布及 χ^2 检验结果进行说明。

由表 3-15 结果可见：

a. 总的情况从百分数加以说明。（略）

b. 实验组、对照组分别从百分数加以说明。（略）

c. 说明 χ^2 检验情况。

练习：

1. 对实验组类别资料实验前后测试的数据进行比较，并进行显著性检验。

2. 对实验组数量化资料实验前后测试的数据进行比较，并进行显著性检验。

3. 对实验组与对照组数量化资料效果测试结果的原始数据进行比较，并进行显著性检验。

4. 对实验组与对照组类别资料效果测试结果的原始数据进行比较，并进行显著性检验。

思考题

如何才能保证实验组与对照组是等组的？

附录　幼儿教师教育行为的调查问卷

尊敬的老师：

您好！

师幼互动是幼儿教师专业化成长的生长点。师幼互动的研究着眼于改变教师教育教学行为中的每一个细小环节，所有这些细小环节的改变最终会促进师幼的有效互动，促进教师教学方式的深刻变革并且会促成教师的专业化成长。为了帮助教师专业化的成长，我们开展了此项研究。

每一题的答案没有对、错之分，请您根据实际情况如实回答。请您在“（ ）”内写上您认为适合您情况的答案的数字，在“______”上写上数字或文字。您的认真参与将会给我们很大的帮助，谢谢！

“在积极有效的师幼互动中促进教师教育行为变化的研究”课题组

2010年6月

（ ）1. 你的性格属于：①偏外向 ②偏内向

（ ）2. 你的学历：①初中及以下 ②高中（中专、技校） ③大专 ④大学本科 ⑤硕士及以上

（ ）3. 你的职称：①未评 ②小学二级 ③小学一级 ④小学高级 ⑤中学高级

（ ）4. 你的教龄______年。

（ ）5. 你所带的班级：①托小班 ②托中班 ③托大班 ④幼小班 ⑤幼中班 ⑥幼大班

（ ）6. 你喜欢：①音乐 ②美术 ③运动 ④旅游 ⑤小说 ⑥看电视、电影 ⑦其他（请写明）________

（ ）7. 一些最新的信息，你主要通过什么途径获取？

①报刊 ②杂志 ③网络 ④电视 ⑤其他（请写明）________

（ ）8. 你所在机构（幼儿园、早教中心）的级别：①未定 ②二级园 ③一级园 ④示范园

（ ）9. 你所在幼儿园所处的地域：①农村 ②城乡结合部 ③中心城区

（ ）10. 你学习过有关师幼互动的理论吗？

①没学习过 ②零星学习过 ③学习过 ④系统地学习过

（ ）11. 你对师幼互动的内涵了解吗？

①非常不了解 ②不了解 ③了解 ④非常了解

（ ）12. 你积累了有关师幼互动的个案吗？

①一个也没有 ②二至三个 ③四至五个 ④六个及以上

（ ）13. 有关师幼互动的知识，主要从哪里获得？

①书本、杂志 ②网络、广播、电视 ③自身积累、实践获得 ④培训、讲座 ⑤同事交流 ⑥领导、专家报告 ⑦其他（请写明）________

（　）14. 你主要如何解读幼儿？

①对幼儿年龄特点把握　②解读幼儿原有经验和作品　③分析幼儿行为表现　④对幼儿未来经验的分析（与幼儿谈话，明白幼儿语言表述的含义）　⑤其他（请写明）________

（　）15. 你主要依据什么来选择教材及对教材进行价值判断？

①对幼儿已有经验的判断（幼儿发展的需要；幼儿感兴趣的）②对课程目标的理解　③对学科规律的掌握　④对教材内涵的把握　⑤园本教材　⑥大纲规定的　⑦随意选择　⑧其他（请写明）________

（　）16. 设计活动目标、过程与方法时，你考虑最多的是：

①教学目标的适切性　②教学过程的针对性　③教学方法的灵活性　④如何能进行有效的师幼互动　⑤其他（请写明）________

（　）17. 你最主要为幼儿创设怎样的环境？

①探索的环境　②表达表现的环境　③欣赏、美观的环境　④与教学相一致的环境　⑤其他（请写明）________

（　）18. 你最主要是如何创设活动环境的？

①将幼儿的作品布置环境　②将幼儿探索的内容布置环境　③将教师收集的名人名作等布置环境　④将教师的作品布置环境　⑤其他（请写明）________

（　）19. 在活动设计时，是否考虑到要有新意？

①从不考虑　②不太考虑　③考虑　④经常考虑

（　）20. 在环境创设时，是否考虑到要有新意？

①从不考虑　②不太考虑　③考虑　④经常考虑

（　）21. 在活动过程中，是否考虑到要有新意？

①从不考虑　②不太考虑　③考虑　④经常考虑

（　）22. 结合活动的开展，你是否考虑过周围有哪些可利用的资源？

①从不考虑　②不太考虑　③考虑　④经常考虑

（　）23. 结合活动的开展，是否经常挖掘有利于活动深入开展的资源，并梳理、分析？

①从不　②很少　③有时候　④经常

( ) 24. 在活动过程中，是否能根据活动过程中的教学需求，呈现环境和资源？

①从不 ②很少 ③有时候 ④经常

( ) 25. 在活动开展过程中，能有效利用各种资源达成目标吗？

①无效 ②有点儿 ③有一些 ④很有效

( ) 26. 你平时对幼儿最主要观察什么？

①幼儿的需要、兴趣 ②幼儿的发展水平（语言、动作等） ③幼儿的疑惑 ④幼儿的活动结果 ⑤其他（请写明）________

( ) 27. 你最主要在什么时候进行观察？

①幼儿活动时 ②幼儿产生问题时 ③幼儿产生矛盾时 ④其他（请写明）________

( ) 28. 你最主要采用什么方法进行观察？

①全面观察法 ②重点观察法 ③个别观察法 ④其他（请写明）________

( ) 29. 你平时最主要倾听幼儿的什么？

①幼儿回答老师的提问 ②同伴间日常交谈内容 ③同伴间纠纷内容 ④其他（请写明）________

( ) 30. 你最主要在什么时候进行倾听？

①回答老师问题时 ②幼儿产生问题时 ③幼儿产生矛盾时 ④幼儿求助时 ⑤其他（请写明）________

( ) 31. 你最主要采用什么方法进行倾听？

①在幼儿旁边默默地倾听 ②参与幼儿的活动进行倾听 ③视情况而定 ④其他（请写明）________

( ) 32. 对幼儿进行观察后，你通常能够：

①不太能理解幼儿 ②了解幼儿少量需求 ③了解幼儿大部分需求 ④了解幼儿全部需求

( ) 33. 当你倾听幼儿说话后，你通常是：

①经常听不明白 ②偶尔能听明白 ③有时能部分听明白 ④经常能全部听明白幼儿表达的意思

( ) 34. 观察到有关情况后，你怎么办？

①还是按活动原计划进行　②分析产生这种情况的原因　③分析产生这种情况的原因，并考虑如何应对　④其他（请写明）________

（　）35. 倾听到有关内容后，你怎么办？

①还是按活动原计划进行　②分析产生这种情况的原因　③分析产生这种情况的原因，并考虑如何应对　④其他（请写明）________

（　）36. 对观察到的有关情况进行分析后，你如何判断？

①对观察到的情况，对其价值不能作出判断　②对观察到的情况，事后作出判断　③对观察到的情况，及时作出判断　④对观察到的情况及时作出判断，并考虑如何应对　⑤其他（请写明）________

（　）37. 对倾听到的有关内容进行分析后，你如何判断？

①对倾听到的情况，对其价值不能作出判断　②对倾听到的情况，事后作出判断　③对倾听到的情况，及时作出判断　④对倾听到的情况及时作出判断，并考虑如何应对　⑤其他（请写明）________

（　）38. 一旦观察到的幼儿的反应与你原设计的不一致，你怎么办？

①还是按原计划进行　②对原计划进行微调　③对原计划进行重大调整　④其他（请写明）________

（　）39. 一旦倾听到的幼儿的反应与你原设计的不一致，你怎么办？

①还是按原计划进行　②对原计划进行微调　③对原计划进行重大调整　④其他（请写明）________

（　）40. 你主要在什么时候进行评价？

①不评价　②活动前　③活动中　④活动后　⑤其他（请写明）________

（　）41. 你最主要用什么方法进行评价？

①没有方法　②与同事交换意见　③聆听领导的评价　④从家长处得到反馈　⑤自己反思　⑥其他（请写明）________

（　）42. 评价时，你最多是从哪个角度去思考的？

①幼儿的反应及兴趣、能力等　②教师的师幼互动观念、态度、兴趣等　③教师的教育行为　④师幼互动的情况　⑤幼儿园的级别、

所在地域等 ⑥其他（请写明）________

（ ）43. 进行自我评价后，你最主要怎么做？

①只评价 ②提出书面的调整措施 ③调整后进行行为的跟进 ④其他（请写明）________

第四节 研究项目组在行动

阅读本节内容，将让我们认识到：

☞ 行动研究小组的确立极为重要。

☞ 在研究过程中不断反思与调整。

☞ 及时进行阶段研究成果的总结和回顾。

通过对现状的调查与分析，让我们进一步明确研究的主要问题，一场有意义的行动研究即将开始。采用行动研究的方法并非随意而为，这是由幼儿教育的特殊性质和行动研究的特定功能决定的。幼儿教育较之系统的、分科的学校教育更强调各种教育活动在效应上的相互渗透与融合，因此幼儿教师进行的研究必然要与幼儿教育的实践紧密结合。而行动研究对问题解决、行为改善过程的凸显特点，对教师自我反思、自我发展的推动，为幼儿教师开展研究提供了现实可行性。

我们已经意识到行动研究的重要价值，但在具体实践中却时常有些困惑不得解：

（1）研究变成课题负责人一个人的事，各项研究任务不能按时完成。

（2）研究过程中，研究假设得不到验证，研究无法推动。

（3）研究过半，研究资料却很少，难以进行中期的总结与梳理。

种种困惑源于我们对行动研究过程的一知半解，对行动研究小组确立的忽略。下面，我们将就行动研究过程中涉及的关键问题做一个剖析，希望你能够从一个个案例中找到你想要的答案。

一、行动研究小组的建立

凯米斯对行动研究的表明，行动研究是一个螺旋式加深的发展过程，每一个螺旋发展圈又都包括着四个相互联系、相互依赖的环节：计划、行动、考察和反思（图 3-9）。

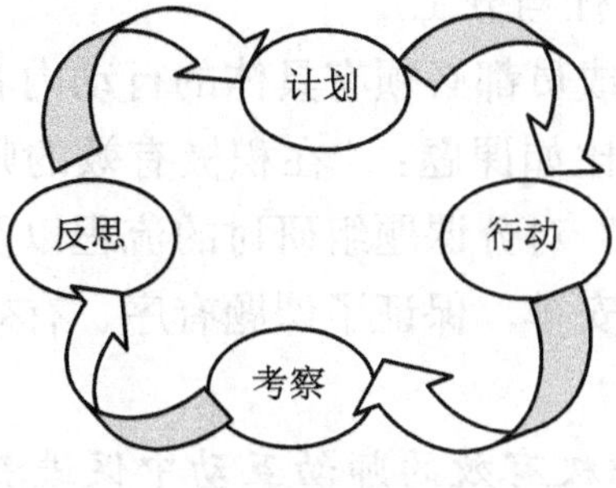

图 3-9　行动研究的程序

如果说，把课题确立后实施计划的制订看做是第一轮行动研究的计划，那么接下来我们要做的就是第二环节——行动。为了确保行动研究的顺利进行，必须建立一个行动研究小组。这个小组可能是我们实施计划中的各个课题组成员，也可能需要更多的实践教师加入。一个比较有战斗力的行动研究小组应该是这样的。

1. 具有多维的组成成员

如果可能的话，研究小组中应该有来自教育科研院所、高校的专业研究人员，他们具有扎实的理论功底和丰富的研究经验，能帮助我们把握研究方向、指导我们用科学的研究方法开展研究。当然，如果没有此类人员，我们也可以在课题进行中的某一阶段请教育科研院所、高校的研究人员来为课题诊断、把脉。还应该有从事或擅长教学实践研究的教师，他们能够及时发现实践教师教学过程中的问题，并根据研究人员的意见给予具体的指导与帮助。行动研究小组的组长是课题负责人，除了具备一定的研究能力外，一定要具备上通下达的组织、协调能力，才能使课题顺利进行。当然，最重要的是，小组中必须要有开展实践教学的骨干教师，因为他们是课题研究与幼儿园教学融合的主要实践者，在实践中不但能够一步一步达成研究目标，而且本身也能在专业上得到进一步发展。

2. 具有同一的“奋斗目标”

这里的“奋斗目标”并不是遥不可及的，它是我们课题研究的一个总体目标，项目组的成员必须明确研究的目标，并有着为实现这一目标而实践的决心。

3. 具有明确的责任与分工

小组内的每一个成员都必须有具体的行动内容，并且对内容的落实做好细致地安排。比如课题：“在积极有效的师幼互动中促进教师教育行为变化的研究”对分课题组研讨的流程以及研讨过程中各个成员的分工做了详细的安排，保证了课题有序、有效地开展。

【案例】 “在积极有效的师幼互动中促进教师教育行为变化的研究”分课题组研讨流程：

第一，发放活动设计。

第二，由实践组教师谈师幼互动发展阶段和推进目标，具体落实到本次活动中是如何思考、设计的。

第三，由分课题组长分配每位课题组成员观摩任务。

第四，公开教学活动，在这过程中观摩活动的教师有重点地进行观察，幼儿园安排专人拍摄活动录像。

第五，活动后研讨。

(1) 对师幼互动行为进行详细、具体、有深度地分析，并总结每人进步的方面。

课题组观摩活动的教师就自己观察的内容，对活动中教师的师幼互动行为进行具体化描述，然后请他解释为什么这样（了解教师内隐的教育行为等），在了解前因后果后，从师幼互动和教师教育行为方面总结每人进步的方面，再一起研讨怎样的师幼互动更好。

(2) 实践教师对活动进行初步的反思（主要从活动的设计、活动过程中师幼互动研究要点的达成及活动的效果等方面进行）。

第六，检查子课题积累的相关研究资料。

注意：

(1) 在研讨时要结合师幼互动发展阶段和推进目标。

（2）活动结束后，要撰写案例和反思（围绕范型要素和影响因素），然后在规定时间发给子课题组组长。

（3）为明晰每一分课题组研讨的轨迹，因此，在分课题组活动时，作好会议记录，特别是对重点探讨的方面。

（4）分课题组赴某一幼儿园研讨时，幼儿园可组织子课题组教师一起参加。

4. 具有合作协商的精神

行动研究是一种合作研究，团体中的研究人员虽然关心的是同一个教育问题，但关心的焦点、采取的途径、研究的导向却未必一致，因此研究过程中的合作、协商就极为重要，包括专家与教师在行动与研究间的相容性、行动研究与教师工作条件的相容性等。总之，在课题研究的过程中，研究小组成员间的及时沟通与坦诚的交流是必不可少的。

二、行动中的反思与调整

1. 实施行动

我们已经建立了一个具有研究与实践能力的行动研究小组，每一个小组成员根据实施计划开展行动。在实施行动时需要注意：

（1）行动者在获得了关于背景和行动本身的信息，经过思考并有一定程度的理解后，有目的、负责人、按计划采取步骤①。需要一提的是，如果行动小组中有些实践教师并非课题组成员，那他们可能对于行动的背景不甚了解，因此，行动前要确保每一个小组成员都明确研究的价值、意义、目标与内容。比如，我们进行幼儿亲社会行为培养的实践研究，就需要对小组教师进行幼儿亲社会行为的相关培训，并达成共识。

（2）行动是灵活的、能动的，包含行动者的认识和决策在内的。实施计划的行动需重视实际情况变化，重视实施者对行动及背景的逐步认识，重视其他研究者、参与者的监督观察和评价建议，进行不断

① 郑金洲. 教育研究专题. 上海：华东师范大学出版社，2002，3.

调整。比如，在进行幼儿亲社会行为培养的实践研究过程中，教师们根据研究计划针对不同年龄段幼儿设计集体活动，试图通过集体教学活动培养幼儿的亲社会行为。实践研究了一个阶段后，行动研究小组成员们都发现幼儿的日常生活才是培养其亲社会行为的适宜土壤，于是及时进行调整。

2. 考察行动

“考察”是行动研究的第三个环节，由于行动过程往往不能简单地、集中地呈现出计划与结果、计划与行动之间的“必然的”“线性的”关系，所以要重视监督行动的过程，及时掌握有关信息，并对每一阶段的行动及时做总结、分析、反馈，再对照总目标予以诊断，决定下一步的具体目标①，这就是行动中的考察。考察有如下的要求：

(1) 考察既可以是行动者本人借助于各种有效手段对本人行动的记录观察，也可以是其他人的观察。多视角的观察更有利于全面而深刻的认识行动的过程。如课题“在积极有效的师幼互动中促进教师教育行为变化的研究”，总课题组不仅要求每一个子课题组教师对班中幼儿做好 100 次的师幼互动事件取样观察记录，而且要求子课题组成员定期向分课题组内的其他幼儿园教师公开教学活动，开展实践研讨，使子课题组教师对自身在师幼互动方面的认识更为客观。

(2) 考察主要指对行动过程、结果、背景以及行动者特点的考察，为了使考察更为系统、全面和客观，行动研究的倡导者鼓励使用各种有效的技术。比如课题“幼儿园分层分类指导家庭实施幼儿礼仪教育的实践研究”为了让教师看到礼仪教育后幼儿的发展变化，检验礼仪课程的实施质量，也为了让家长更投入到这场研究中，设计了“幼儿礼仪发展评价表”(表 3-16) 供教师对一个专题内容对全体幼儿进行评估。又如课题“3～6 岁幼儿亲社会行为养成过程中指导策略的研究”，课题组在研究初期采用情境测试的方式对幼儿园内 3～6 岁幼儿的亲社会行为进行评估，行动研究中同样采用情境测试的方式对幼儿进行中期评估，以判断幼儿亲社会行为的发展以及教师指导策略

① 胡育主编. 学前教育科研方法指导. 上海：上海教育出版社，2005，10.

的有效性。

表 3-16 幼儿礼仪发展评价表（幼儿园）

<table>
<tr><td colspan="3">班级：　　　班</td><td colspan="2">教师：</td></tr>
<tr><td colspan="5">填写日期：　　年　　月　　日</td></tr>
<tr><td colspan="5">本月专题内容：</td></tr>
<tr><td>序号</td><td>幼儿姓名</td><td>月初评价</td><td>月末评价</td><td>行为发展</td></tr>
<tr><td>1</td><td></td><td></td><td></td><td></td></tr>
<tr><td>……</td><td>……</td><td>……</td><td>……</td><td>……</td></tr>
<tr><td colspan="5">重点指导幼儿名单：（月初填写）</td></tr>
<tr><td colspan="5">跟踪分工：</td></tr>
<tr><td colspan="5">本月幼儿礼仪发展情况分析：（月末填写）</td></tr>
<tr><td colspan="5">……</td></tr>
<tr><td colspan="5">备注：请于每月 5 号前根据孩子礼仪发展的现状选择“优秀☆”“合格○”“一般△”填入月初评价相应格子；每月月末再根据孩子的礼仪现状作相应评价；两次评价结束后，请您比较每个孩子的“月初”和“月末”评价结果，如呈现“△-☆、△-○、○-☆”请用“↑”；如呈现“△-△、○-○、☆-☆”请用“→”。</td></tr>
</table>

3. 反思行动

“反思”是行动研究的第四个环节。它是一个螺旋圈的结束，又是过渡到另一个螺旋圈的中介，是行动研究的核心技能。通过这一环节，可以让我们了解项目的优势与不足，及时纠正行动中的失误并形成下一步的行动计划。

这一环节包括：

（1）整理和描述，即对观察到的、感受到的与制订计划、实施计划有关的各种现象加以归纳整理，描述出本循环过程和结果。

（2）评价解释，即对行动的过程和结果作出判断评价，对有关现象和原因作出分析解释，找出计划与结果的不一致性，从而形成基本设想、总体计划和下一步行动计划是否需要修正，需做哪些修正的判断和构想①。

① 郑金洲．教育研究专题．上海：华东师范大学出版社，2002，3.

如课题“互动式幼儿成长档案袋评价研究”，课题组针对“互动式幼儿成长档案袋应该有几部分对幼儿来讲更合适，怎样进行档案袋评价才能让教师、家长、幼儿有效地互动”的研究内容开展研究，形成了互动式幼儿成长档案袋实施要求的雏形（表 3-17）。

表 3-17　互动式幼儿成长档案袋实施要求

形式	内容	操作要点	发放形式	家园互动要点
宝宝摘记（小本子）	◇孩子在幼儿园生活中的一个点、活动的一个片段 ◇针对孩子不同的特点，强项与弱项	◇主要是记叙文的形式 ◇可采用照片等形式辅助	◇每月一次 ◇月末发，下月初收	用同样的方式，记录家庭生活中的片断等
宝宝观察与分析（文件夹）	每个月的幼儿发展评估表	根据预设的目标制定评价指标	◇每月一次 ◇月末发，下月初收	家长填写反馈意见

但是，在中期进行的互动式幼儿成长档案袋评价的调查中却发现：①家长缺少参与的积极性，不少家长都是原样送回，或者寥寥几笔，家园互动的效果与预期相差甚远；②“成长档案袋评价”记录形式的单一。家长对文字记录不是很感兴趣，不愿意逐字逐句地仔细阅读老师对孩子活动的记录与评价，尤其是对照片下面的文字记录，家长也不愿意从密密麻麻的文字中细细品味照片上的孩子在玩什么；③“成长档案袋评价”记录内容的单调，不能满足不同年龄段幼儿家长的需求。

中期的调查分析有效帮助课题组看到了问题，通过对问题原因的分析提出了下一步行动研究的思路。

【案例】　“互动式幼儿成长档案袋评价研究”中期调查分析

①激发家长、幼儿参与评价的意识

首先，在激发幼儿参与自我评价方面，在平时的活动中，要提醒自己做个有心人，收集幼儿活动的信息，如让幼儿根据照片来说说自己在做什么等，鼓励幼儿从自我或同伴的评价信息中看到自己的进步与不足，从而萌发自主学习的意识。

其次，我们邀请、动员不够积极、主动的家长参与到档案袋评价中来，比如通过专题讲座的形式介绍档案袋评价的价值和意义，通过班级家长会介绍如何与老师互动、来记录孩子在家的表现等。

②调整档案袋评价内容和记录形式

增加了照片的比重，满足不识字的幼儿需要。

在文字的撰写上不会对孩子的这些言行简单地下结论，而是从他们的角度出发，用他们的语气来描述图片。

在调整记录形式方面，在分析问卷的基础上，根据家长的反馈，首先我们对其进行了调整，将原先的文字为主、照片为辅改变为照片为主，文字为辅，如通过孩子用剪刀的照片，家长可以知道孩子的动手操作能力有了提高。

③调整成长档案袋摆放方式：从封闭式向开放式转变

在档案袋评价实施过程中，我们专门为每个教室、不同年龄段的幼儿设计摆放了展示架，将“记录”呈现给孩子，让孩子在和同伴的互动交流中、在和自己“档案”的互动中进行自我评价。

通过上述案例，你可以发现行动研究中的反思是与“计划”“行动”“考察”的内容一一对应，密切相关的，反思后的调整同样如此，而且为下一轮行动明确了方向。

操作：

1. 组建一个行动研究小组，对他们进行课题培训，告诉他们各自的工作与要求。

2. 按照行动研究的程序开展研究，特别注意研究过程中资料的积累，以及每一位行动者的考察与反思。

三、中期研究成果的总结与论证

当我们的行动研究经历了几轮循环，课题研究时间过半时，我们需要对课题研究的过程做一个归纳总结，形成一份中期研究报告，并组织召开课题中期论证会，邀请相关专家对课题的上一阶段研究工作作出评价与建议。

1. 中期研究成果的总结

(1) 课题概述——概括地介绍课题研究目标、内容、方法、步骤及起止时间等。一方面，有利于课题负责人进一步明晰课题提出的背景、研究的目标、内容等相关内容；另一方面，有利于参加中期论证会的专家对课题有个概括地了解，以提出针对性的意见与建议。

【案例】“幼儿园分层分类指导家庭实施幼儿礼仪教育的实践研究”的课题概述

(一) 研究背景

近年来，礼仪教育正越来越受到社会及学校教育的重视。许多幼儿园开展了实施幼儿礼仪教育的课题研究，探索幼儿园一日活动中幼儿礼仪教育的内容和途径等，幼儿礼仪教育初显成效。但是，幼儿礼仪行为还是出现了明显的两面性特点，即同一内容，孩子在家在园的行为表现出明显差异，幼儿礼仪教育内容浅表、目标模糊，操作随意，导致家园合作缺乏核心力。

我园区级重点课题《家园合作培养幼儿礼仪教育的实践研究》历经三年的实践研究，在幼儿礼仪教育特色课程的实施上进行了探索，在教师、家长的礼仪培训上积累了一定经验，但由于家园合作更多关注了礼仪教育目标的认同和内容的知晓，因此导致家庭实施礼仪教育缺失有效的方法，故影响幼儿礼仪教育的有效性。如何进一步提高在家庭中实施幼儿礼仪教育的有效性，幼儿园必须加强对家庭实施礼仪教育的方法的指导。

基于这样的想法，我们设想通过开展“幼儿园分层分类指导家庭实施幼儿礼仪教育的实践研究”课题研究，加强家庭礼仪教育的实效性研究，以研究“幼儿礼仪教育家庭操作版”为抓手，解决三大关键问题，一是家园礼仪教育内容一致，方法不一致的问题；二是家园礼仪教育内容一致，家庭成员方法不一致的问题；三是指导的内容、方法与孩子个体的行为偏差不一致的问题。

(二) 关键概念

幼儿礼仪教育是指家园合作对 3～6 岁幼儿进行良好做人（做个

人、做社会人）习惯培养的养成教育。所谓幼儿园指导家庭实施幼儿礼仪教育是指幼儿园有目地、有计划地通过多种家庭教育指导形式，向家长进行幼儿礼仪教育内容、方法、策略等的指导，让家长在家庭中有效开展幼儿礼仪教育，提高家庭实施幼儿礼仪教育的水平。

分层、分类指导是指依据幼儿礼仪发展水平的不同以及主要带养人的不同，有针对性开展指导活动。

（三）研究目标

通过对家庭实施幼儿礼仪教育现状及幼儿礼仪发展的研究，探寻幼儿园分层分类指导家庭实施幼儿礼仪教育内容、形式、策略，帮助家长在家庭中有效实施幼儿礼仪教育，提高家长在家庭中实施幼儿礼仪教育的能力和水平。

（四）研究内容

1. 家庭实施幼儿礼仪教育现状的研究

①家庭实施幼儿礼仪教育观念、内容的现状研究。

②家庭实施幼儿礼仪教育方法的现状研究。

2. 幼儿礼仪的现状调查

3. 幼儿园分层、分类指导家庭实施幼儿礼仪教育的研究

①幼儿园分层、分类指导家庭实施幼儿礼仪教育内容的研究。

②幼儿园分层、分类指导家庭实施幼儿礼仪教育形式的研究。

③幼儿园分层、分类指导家庭实施幼儿礼仪教育策略的研究。

（五）研究方法

1. 文献研究法

通过查阅、分析文献来获得幼儿礼仪教育发展现状、幼儿园指导家庭实施幼儿礼仪教育的现研究。

2. 调查研究法

通过问卷调查及访谈，研究家庭实施幼儿礼仪教育的现状及困惑、幼儿礼仪发展水平现状。

3. 行动研究法

研究中先拟定幼儿园指导家庭实施幼儿礼仪教育的第一轮行动计划，包括研究家庭幼儿礼仪教育的内容、方法；然后进行家庭教育指

导，让家长在家中实施幼儿礼仪教育，在研究中不断反思家庭幼儿礼仪教育中存在的问题，制订幼儿园指导家庭实施幼儿礼仪教育的计划，进入第二轮行动。在第二轮行动研究中，有针对性地开展幼儿园家庭实施幼儿礼仪教育的指导，研究幼儿园指导家庭实施幼儿礼仪教育的内容、形式、策略，在研究过程中不断反思幼儿园指导问题、困惑，及时调整指导的内容、形式和策略，进入第三轮行动。在第三轮行动研究中，进一步验证幼儿指导家庭实施幼儿礼仪教育的内容、形式、策略的适切性，发现问题并及时调整，开展家庭实施幼儿礼仪教育的效果调查。

4. 个案研究法

通过问卷调查，了解幼儿礼仪发展水平现状，对礼仪行为差的幼儿的追踪研究，了解家庭实施幼儿礼仪教育中的问题，进行更有针对性的指导，为研究提供丰富的素材。

(2) 研究进展——较详细地介绍本阶段主要做了哪几个方面的研究，用了什么方法，取得什么进展，关键问题的解决，得出什么结论；如未能按设计进度完成研究任务应作出说明。这一部分是课题中期研究成果的集中体现，课题负责人在撰写时应根据课题研究的内容逐项总结经验。

【案例】 “幼儿园分层分类指导家庭实施幼儿礼仪教育的实践研究”的研究进展（部分）

(一) 课题组活动开展情况

本课题研究自2009年8月开展第一次课题组活动以来，至今已有一年半的时间。在这过程中，课题组在课题负责人的带领下，本着求真务实的科研态度，认真有计划地开展每一次活动，将课题研究与解决教育所面临的现实问题结合起来；将课题研究与提升教师专业化水平结合起来；将课题研究与完善学校课程建设结合起来；将课题研究与学校特色推进结合起来……课题组前后共开展了11次课题组活动，先后解决了幼儿礼仪教育现状研究；家庭实施幼儿礼仪教育现状的研究；幼儿礼仪教育的内容研究；幼儿礼仪教育的评价研究；幼儿园分层、分类指导家庭实施幼儿礼仪教育的内容、形式的研究等，为进一步推进课题研究奠定了研究基础。以下就课题的实践研究情况作具体陈述。

（二）课题的实践研究情况

本课题至今共重点开展了三大方面的研究：

1. 幼儿礼仪现状及家庭实施幼儿礼仪教育现状的研究

思考：幼儿园分层、分类指导家庭实施幼儿礼仪教育，前提是幼儿园必须了解幼儿礼仪现状及家庭实施幼儿礼仪教育的现状，即在幼儿礼仪教育内涵的引领下，了解幼儿礼仪发展的具体优势和劣势；了解幼儿礼仪发展和家长自身礼仪行为、教养行为之间的关系。只有掌握这些关系所在，才有可能有目的的进入到下一阶段的研究。

实践：

①设计问卷，开展调查

课题组负责人初拟了《幼儿礼仪行为与家长教养行为的调查》问卷样张，邀请有关专家具体指导后，课题组骨干成员对问卷作了进一步修改和完善，最后，全体课题组成员再次进行讨论完善，前后历经5稿，完成了问卷的设计。

2009年9月初，由课题组和小班年级组联合召开了小班家长会，现场解读并完成了问卷采样。

②数据统计，进行分析

为了确保课题研究进程的顺利推进，进一步提升课题组成员的研究能力，课题组负责人在得到黄娟娟老师有关数据统计分析的操作指导后，对课题组全体成员进行了SPSS数据统计和分析的操作培训，并将详细步骤打印分发给教师，为后期按时完成数据统计和分析起到了积极意义。

全体课题组成员认真参与了数据的统计与分析工作。

③撰写报告，明晰方向

在完成数据分析后，负责人带领大家对数据展开了讨论和分析，寻找着影响幼儿礼仪发展的相关因素，并完成了调查报告，从中也感悟着科研求真的内涵。

收获：通过调查分析，我们发现影响小班孩子礼仪发展的主要因素是家长的教养行为。无论是祖辈带养人还是父辈带养人，如果在生活中采取的是包办替代法，那么孩子的礼仪现状就比较薄弱；反之，如果带养人在生活中能采用比较正确的教养方法，积极鼓励孩子自我尝试并给予一定支持，那么孩子的礼仪现状就比较好。

通过调查分析，我们还发现影响家庭实施幼儿礼仪现状的主要因素是家长缺乏科学的教养内容和教养方法，家庭成员间方法的不统一，家长自身礼仪素养的缺失等。

问题：要有效开展幼儿园分层、分类指导家庭实施幼儿礼仪教育的实践研究首先要厘清在3～6岁幼儿家庭这样一个特定背景下，幼儿园针对家庭开展的指导活动的内容应该是什么？选择这些内容的依据是什么？鉴于这样一些思考，课题组进入下一轮研究。

2. 幼儿园分层分类指导家庭实施幼儿礼仪教育内容的研究

思考：要研究幼儿园指导家庭实施幼儿礼仪教育分层指导的内容，前提是必须建立在明确幼儿礼仪教育内涵、幼儿礼仪教育目标、幼儿礼仪教育阶段目标的基础上，只有明确礼仪阶段发展目标，才有可能有的放矢的选择教学内容以确保目标的达成，在此基础上才有可能对应3～6岁幼儿家庭这样的特定背景，有选择地确定幼儿园可以指导家庭实施的幼儿礼仪教育的内容范围。

实践：

①进一步明晰幼儿礼仪教育内涵

为了保证课题研究的有序进行，课题组全体成员本着严谨的科研态度，结合前期实践研究中出现的问题，对幼儿礼仪教育内涵作了进一步讨论。原概念界定“幼儿礼仪教育，是指在日常生活中对幼儿进行良好生活习惯、道德习惯的养成教育。”经过讨论，大家把概念界定“幼儿礼仪教育是指家园合作对3～6岁幼儿进行良好做人（做个人、做社会人）习惯培养的养成教育。”新的内涵赋予了幼儿礼仪教育更完整的内容，为研究指明了更清晰的方向。

②重新梳理幼儿礼仪教育阶段目标

鉴于内涵的重新定位，我们重新梳理了幼儿礼仪教育的阶段发展目标，并将目标对应基础课程阶段发展目标，分解为幼儿礼仪教育目标→基础课程、幼儿礼仪教育目标→特色课程。

③初步形成各年龄段幼儿礼仪发展评价细则

在明晰各年龄段礼仪教育发展目标后，课题组成员经过三次完善，初步呈现各年龄段礼仪发展评价细则内容部分，并对各级组长进行了评价细则的解读与培训，由各年级组长负责对组内教师进行解读与培训。在此基础上，我们初步形成了幼儿礼仪评价机制，即每学年定期展开三次全园幼儿的礼仪评价，即学年初一次、学年中一次、学年末一次，班主任教师需在每次评价后展开数据统计和分析，发现并解决问题，为下阶段礼仪教育工作的开展厘清方向。

④以目标为核心研究礼仪课程的主要实施形式

在明晰各年龄段礼仪教育发展目标后，课题组开始进入研究礼仪课程的主要实施形式。结合前三年的实践经验，大家一致认为礼仪课程的内涵决定了课程的实施应该是渗透于幼儿一日活动中的，但其中也有一些内容是需要开展集体学习活动的，而在一日活动的四大课程中，礼仪课程的实施更多是落实于幼儿的生活课程中，那么礼仪课程的制约实施形式到底应该如何来明确。经过几番的实践讨论，我们终于明晰了礼仪课程的实施形式，即全面与重点相结合的课程实施原则，全面即指生活、游戏、学习、运动，重点即指生活活动和集体学习活动。

⑤从幼儿年龄特征出发，确定礼仪教育集体学习活动课时量

在明晰了课程主要实施形式后，课题组从幼儿年龄特征出发，讨论确定幼儿礼仪教育各年龄段集体学习活动的课时量。遵循一日活动中幼儿年龄越小学习活动时间相应递减，生活活动时间相对递增的原则，我们将幼儿礼仪教育集体学习活动的课时量确定为：小班每 4 周一次 ；中班每 3 周一次；大班每两周一次，为下阶段完善教材内容奠定了基础。

⑥对应目标、形式，完善教材内容

为了确保礼仪教育课程内容按时按质完成研究，结合本园师资现状，我们成立了幼儿礼仪教育生活活动内容项目研发小组和集体学习

活动内容项目研发小组，由金怡园长担任项目研发的总负责人，负责生活活动内容的研发，潘莉副园长负责集体学习活动内容的研发。课题组所有成员参与了礼仪教育生活活动内容的研发，全园骨干教师通过一课三研的方式参与了礼仪教育集体学习活动内容的研发。

⑦立足家庭，研究3～6岁幼儿家庭礼仪教育的内容

幼儿礼仪教育是一种养成教育，因此，良好礼仪行为的培养必须建立在家园合作的基础上。那么，立足3～6岁幼儿家庭这样一个特定的背景，家庭礼仪教育的内容又应该是哪些呢？选择这些内容的依据应该是什么？针对这样一系列的问题，课题组召开了无数次讨论会，大家在总结前三年实践经验和教训的基础上纷纷发表自己的见解。随着讨论的深入，问题也随之开始明朗化：一是实施家庭礼仪教育前提也必须是尊重规律；二是必须与幼儿园教育同步；三是必须有家庭礼仪的特质。于是，围绕以上三大重点，我们尝试以年龄段为单位，将前期研究完善的礼仪教育内容针对家庭特殊的背景进行分解和完善，形成了小、中、大幼儿礼仪教育家庭教育内容。

小班年龄段家园合作每月礼仪专题内容

专题一：自己进餐

专题二：自己穿脱衣服

……

专题八：做事有规律，活动有规则

中班年龄段家园合作每月礼仪专题内容

专题一：清洁的身体，整洁的仪表

专题二：关爱身边人

……

专题八：说话讲文明，交往有礼貌

大班年龄段家园合作每月礼仪专题内容

专题一：交往讲文明

专题二：保护五官

……

专题八：健康的情绪

收获：在以上这个阶段研究的过程中，我们发现了要做好做实一项研究，尤其是与课程建设相关的研究，其实践研究的过程是漫长的，是完全融合在幼儿园日常教育教学之中的，这个过程也是行动研究的过程，即是不断发现问题解决问题的过程。而幼儿园的课程建设和队伍建设也随着研究的不断深入而不断发展。课题组全体成员也在实践和研究中感悟到科研促学校发展的真正意义。

思考：随着幼儿礼仪教育家庭教育内容的形成和完善，随之带给的问题是，谁来指导家庭实施幼儿礼仪教育内容？答案肯定是教师。那么，如何使不同专业能力水平的教师在幼儿园实施幼儿礼仪教育以及指导家庭实施幼儿礼仪教育的过程中不出现大的偏差？如何努力缩小不同社会背景的家庭实施幼儿礼仪教育的差异性？带着这样的思考，课题组又开展了激烈的讨论，于是，两个新的项目小组应运而生，即“一日活动中幼儿教师职业礼仪指导手册”内容的研究项目开发小组，由区级骨干教师、人事干部毛老师具体负责，以1～5名青年教师为主要研究成员；“3～6岁幼儿家长礼仪指导手册”的内容的研究项目开发小组，由党支部副书记张老师具体负责，以经验型教师为主要研究成员。这两个项目小组的研究成果，为今后进一步优化教师、家长的礼仪素养起到了积极意义。

（3）存在的问题和困难

课题研究中需要及时发现并找出存在的主要问题及其原因，并预测会出现什么困难。

在课题“幼儿园分层分类指导家庭实施幼儿礼仪教育的实践研究”中期报告中，课题负责人已在“研究进展”部分将各项研究内容研究过程中的问题一一提出，不再赘述。

（4）下阶段工作——介绍下一阶段工作安排和工作重点（如果研究计划有较大的变动，应说明变动原因），同时针对上阶段存在的问题及后一阶段研究存在的困难，提出具体的解决策略或思路。

【案例】 “幼儿园分层、分类指导家庭实施幼儿礼仪教育的实践研究”的下阶段工作

1. 进一步完善幼儿礼仪课程还需

目前，我园幼儿礼仪教育课程内容还不够完善，如何以礼仪内涵为核心，有效利用各种节日契机，将幼儿礼仪教育课程从目前的两大重点（生活活动和集体学习活动）拓展到礼仪专项活动，如敬老节专项活动、世界环境日专项活动等，从而进一步拓展家庭礼仪教育内容，进一步完善指导方法、丰富指导策略，是我们今后继续努力的方向。

2. 进一步深入家庭礼仪指导

首先，我园的家庭礼仪指导活动更多采用的是集体指导的方式，对个体跟踪指导还比较随意，没有很好梳理总结；其次，集体指导的形式更多停留在对操作内容的解读和方法的指导上，但对不同家庭不同个性差异的孩子在使用操作版过程中出现的问题调查摸底不够，因此，给予家长在家庭中使用操作版到问题的释疑材料还很缺乏；最后，孩子的礼仪发展水平本身就是有差异的，我们应该在使用操作版的过程中做到尊重幼儿的差异，如何对同一年龄段不同礼仪发展水平的幼儿实施有效的礼仪专题教育，是我们目前已在考虑的问题。但是，我们不能回避的是幼儿个体差异、主要带养人的个体差异以及家庭本身的差异三大现实问题，因此，如何进一步在指导方法和指导策略上深化研究，将成为我们下阶段研究的重点。

2. 中期论证会的基本流程

中期研究成果总结后，课题组即可择日邀请专家召开课题的中期论证会，论证会的流程主要有：

（1）课题负责人做中期报告。

（2）课题组成员补充阐述。

（3）专家提问与点评。

（4）课题组成员与专家互动（课题组成员可提前做好准备，就研究存在的困难与问题与专家作进一步探讨）。

思考题

1. 行动研究包含哪些环节？

2. 根据行动研究的过程，对上一阶段的课题研究做一个总结并召开一次中期论证会。

第五节　研究就在我们身边

阅读完本节，将帮助您明晰：

☞ 科学观察的方法和过程。

☞ 学会将观察到的事情呈现出来。

☞ 会写一些有意义的教学故事来说明问题。

一、科学观察的方法和过程

在前面的章节中，我们已经认识到，幼儿园的保育、教育研究需要深入到幼儿园的保教现场，需要在真实的场景中才能发现真实的问题。于是，观察成了一项必要的研究方法。但教育研究中的观察法绝非我们日常无目的的、零碎的观察，而是在一定时间内有目的、有计划地考察和描述客观对象，如教师或幼儿的某种心理活动、行为表现等，从而获取事实资料的一种研究方法。

在本节中，我们将带着项目组成员深入保育、教育现场，实地观察幼儿的行为、幼儿与教师的互动，并且真实记录下这些事件。过程中，我们会熟悉并尝试使用几种常用的观察方法，这些观察方法的习得将有助于教师更好地了解幼儿的行为，并找到研究中所涉及的内容。

图 3-10 是几种常用的观察方法。需要记住的是，无论采用哪一种观察方法，都必须要包括原始的信息、必要的和客观的评价和结论。如果我们运用其中的一种观察方法没能达到预期的观察目标，那么，就可以考虑换

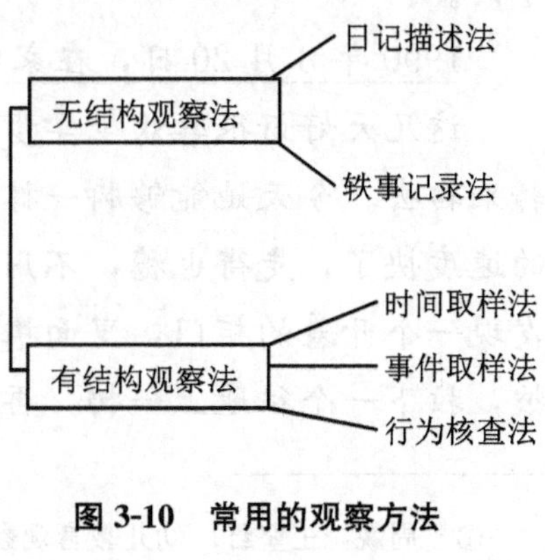

图 3-10　常用的观察方法

一种方法进行观察，或者将不同的观察方法组合在一起使用。下文是对图 3-10中的观察方法的解读。

1. 日记描述法

日记描述法又称儿童传记法，即对同一个或同一组幼儿长期跟踪进行反复观察，以日记的形式描述性地记录幼儿的行为表现。日记描述一般可分为两种类型：一种是综合性日记，常用于记录婴幼儿各方面发展过程中具有里程碑意义的、新出现的动作或行为现象；另一种是主题日记，主要记录婴幼儿语言、认知、社会情绪等特定方面的新进展。日记描述法方便易行，能记录详细而长期的资料，被许多家长所采用，还可以用于个案研究和生态学研究。

【案例 1】　一位母亲记录的婴儿成长日记①

观察对象：好好　性别：女　出生年月：1989 年 6 月 4 日

1990 年 3 月 15 日，在家中，好好 9 个月零 10 天。

今天好好饮食正常，情绪较好，老是笑嘻嘻的。上午九点半起床后，喝了牛奶，吃了半个苹果的苹果泥，然后第一次给她试坐学步车。她眼睛瞪得大大的，一会儿发现能移动，便开始一颠一颠地移步。5 分钟后，大胆起来，乐颠颠地移步到床头柜前。步子还不稳，像要随时倒下来，爸爸只得跟着“护驾”。然后她拉床头柜门把手，爸爸说：“开门吗？开吧！”她却立即转过头去看房门。爸爸又指指柜门说，“这是柜子的门，拉！拉！”好好握着床头柜门把手，用力拉开了门。

1990 年 3 月 20 日，在家中，好好 9 个月零 15 天。

这几天好好很喜欢坐学步车，只要把她往里一放，她就开始到处转来转去。今天她能够脚一撑，趁学步车移动时快走几步，这样移动的速度快了，走得也稳，不用“保驾”了。在放杂物的小房间里，她发现一个开着的柜门，里面堆着几件雨披。于是她坐在学步车里拉雨披，拉下一个往地上一扔，再踮起脚够到另一个，再用力拉下来。外

① 周兢，王坚红. 幼儿教育观察方法. 南京：南京大学出版社，1990，8：27.

婆说她是“捡垃圾的”，她笑笑。中午，外公出差回来，相隔五天不见，好好还是认得出外公，激动地大声发出“啊—啊”的叫声，像是表示“你回来啦！”然后举手扑向外公。爸爸说：“给外公敬个礼吧”，她把手掌横到耳朵边，算是敬了一个礼。这是她早上刚从爸爸那里模仿学来的。

从上述两则日记中，我们可以看到，这位妈妈用日记描述法记录了女儿的动作发展、语言发展和记忆发展的情况，让我们了解了该婴儿的发展概况，同时让我们了解使用日记描述法观察时要记录的内容。

（1）确认并记载观察对象的年龄，观察时间、观察地点、观察对象所处的环境。

（2）观察记录该婴儿或幼儿的发展、变化和新的行为。每次记录内容应不同于以前的记录。观察者可以参与婴幼儿的活动，在参与中观察记录孩子的反应。如果观察者不参与活动，亦可通过旁观记录所见所闻。

（3）在观察记录婴幼儿的行动时，观察者需抓住他们的表情，如轻微地皱眉或微笑的嘴唇。

虽然日记描述法十分简便，但它只能说明少数儿童的特点与情况，缺乏代表性，而且运用日记描述法还需耗费大量的时间与精力，因此它是最适合身为父母的观察者选用的观察方法。

2. 轶事记录法

轶事记录法是教师常用的一种方法。它不仅可以记录儿童显著的新行为或言语反映，还可以记录观察者认为有价值、有意义的任何可表现婴幼儿个性或某方面发展的行为情景，因此，所观察记录的可以是典型行为也可以是异常行为。用轶事记录法进行观察，可帮助教师分析婴幼儿的成长和发展，了解婴幼儿的个性特征，探讨对不同的婴幼儿的发展起作用的因素，以便有针对性地进行教育干预。轶事记录法的运用简单方便，不用专门的编码制表，只需在发现值得记录的行为、轶事时随时记录下来。在记录时，应尽量做到及时、准确、具体。

【案例 2】 一次娃娃家活动的轶事记录

观察对象：

①佳佳：女，4 岁 9 个月

②浩浩：男，4 岁 8 个月

观察时间：2011.5.25

观察地点：幼儿园中班

观察者：教师

浩浩和佳佳在玩娃娃家。浩浩当爸爸，抱着娃娃在轻轻拍打、催眠。佳佳当妈妈，提着篮子急忙走掉。她先到“副食品店”问：“这块肉多少钱？”卖肉的男孩称了一下，说“20 块”。佳佳把“肉”一摔，“太贵了！”然后她提着篮子走回家。

浩浩依旧抱着娃娃在轻轻拍打、催眠，告诉佳佳：“我烧了点水。”佳佳不耐烦地把篮子一放，说：“烧什么水呀，我还要去买菜！”

这段轶事记录反映了两个幼儿在角色游戏中的生活经验，可以为观察者进行幼儿角色游戏扮演与生活经验间的关系的研究提供依据。在采用轶事记录法观察幼儿时应注意：

（1）迅速记录，以保证记忆的新鲜感和记录的真实性。

（2）尽量记下中心人物的行动与语言，以及与他交往的人物的反应。

（3）记录中应包括环境、时间、行为的简洁描写。

（4）尽量做到观察记录的客观、真实和完整。

以上两种观察方法因其事先不用做太多准备、结构化程度比较低而被教师们广泛采用，但也为观察结果的统计与分析带来了困难。因此，我们需要学习结构化的观察以弥补这一不足。

3. 时间取样法

时间取样法是在统一确定的时间内，按一定时段观察预先确定好的行为，主要记录行为出现与否，行为发生的次数，以及持续的时间。这种方法是把被试在每一时间阶段的行为看成是他们自身行为的一个样本，要求研究者每隔一定的时间观察被试的行为要素。下面的这份观察记录（表 3-18）虽然也是叙述一件事情，但它能较为确切地告诉我们观察的目标幼儿专注于一份材料的具体时间以及次数。

表 3-18　中班幼儿区域活动中行为的时间取样观察记录表

时间取样法——观察一位目标幼儿

观察日期：2010 年 11 月 11 日

开始时间：上午 8：55

结束时间：上午 9：00

成人数目：1

儿童数目：1

儿童姓名：××　年龄：4 岁 5 个月

目的：观察目标幼儿在个别化学习活动中的表现。

目标：观察并记录幼儿夹豆子的操作行为。

鉴别该幼儿在活动中的坚持性。

环境：活动室左侧靠窗的一张桌子。××正在操作一份夹豆子的材料。

代码：A=坚持性强，B=坚持性一般，C=不坚持，游离。

行为：该名幼儿在 5 分钟内一直在夹豆子。

评价：A，这名幼儿坚持性强。

观察记录

时间	活　动	专注度
8:55	××右手拿住夹子空夹，看对面同伴的操作。	C
8:56	用右手把左侧碗里的豆子抓到右侧碗内，抓了两次。	C
8:57	教师走过来把××的托盘移到桌子另一侧，××起身摸摸旁边的镜子搬好椅子坐下。	C
8:58	××用夹子将豆子从左侧碗快速夹入右侧碗，夹了 4 颗。	A
8:59	教师离开，停下不夹了，挖鼻孔，看旁边同伴的操作。	C
9:00	又夹了 2 颗豆子，又停下，左手撑着头观望放在周围橱柜里的材料。	B

在使用时间取样法时，我们还需要注意：

（1）时间取样法只适用于经常发生或出现的行为，平均来说，至少要每 15 分钟出现一次。如果研究者对这点不能肯定，就必须首先深入实际进行初步的观察，以确定所要研究的行为或事件是否经常发生或出现，以及影响这些行为出现或发生的各种个人的或情景的因素。

(2) 时间取样法观察只适用于易被观察到的一些外显行为，而不适用于观察内隐行为，如思维、想象等。

(3) 时间取样法所获得的材料往往只能说明行为的某种特性（如频率)，而难以得到关于环境、背景的资料，难以考察行为的相互关系和连续性，因而很难揭示因果关系。

4. 事件取样法

事件取样法注重观察某些特定行为或事件的完整过程，是从被观察者众多的行为中，选出与研究目的直接联系的行为进行观察，记录其发生和变化的过程。

表 3-19　小班绘画活动中师幼互动行为的事件取样观察记录表

互动次数	背景	施动行为	反馈行为
第一次互动	1. 活动名称：大班美术活动：彩色的树林 2. 预设 3. 分组活动形式	（出示教具蝴蝶）教师：我们的好朋友……	幼儿集体：蝴蝶
		教师：老师把这片彩色的树林画了下来（出示范例画）	钱佳宁：哇…… 吴文颉：树林里有许多颜色 葛延：以前没有看见过
第二次互动	1. 活动名称：大班美术：彩色的树林 2. 预设 3. 分组活动形式	教师：这片树林和以前见过的树林一样吗？	幼儿集体：不一样
		教师：哪里不一样？请俞晴说	俞晴：树上有两种颜色
		教师：俞晴说树上有……	幼儿集体：两种颜色
		教师：张子康	张子康：（很轻声）原来树林只有一种颜色，今天这片树林是五颜六色
		教师：陆屹彬	陆屹彬：今天这片树林不一样的地方是今天的树林是彩色的
		教师：（很肯定的点头）哦，今天的树林是彩色的	

续 表

互动次数	背景	施动行为	反馈行为
第三次互动	1. 活动名称：大班美术：彩色的树林 2. 预设 3. 分组活动形式	教师（手指范例）：这片树林每一棵树的颜色都不一样。这棵树是……	幼儿集体依次回答：黄色、绿色、红色、蓝色
		教师：刚才小朋友说一棵树是黄色、红色……你们仔细看看一棵树上有几种颜色	幼儿自由讨论：2 种、4 种……
		教师举手（动作提示幼儿）	幼儿纷纷举手动作
		教师：葛延告诉大家	葛延：2 种

使用事件取样法时应注意以下四点：

（1）确定所要观察的特定行为或事件，给其下操作性定义，并尽可能对所研究事件或行为有所了解。这样，研究的事件或行为一旦发生，就能及时、迅速地辨认并记录下来。

（2）确定观察的时间或地点。在不同时间、不同地点研究同一行为可能会得出不同的结论，因此，确定有代表性的时间、地点是十分重要的。

（3）确定所要记录的信息。事件取样法观察既可以事先对所观察的行为进行分类，然后在观察中根据所确定的行为是否发生，有哪些特征等进行记录，也可以采用叙事性描述记录方法记录所观察到的信息，因而比较自由、灵活。

（4）在设计、使用记录表和代码系统时，应遵循它们各自的原则和方法，并努力使之简便易行。

5. 行为核查法

行为核查法是研究者用来核查某种行为是否发生或出现的一种简表，发生或出现某种行为就在事先准备好的表内打“√”，没发生或出现某种行为就打“×”。使用行为核查法有助于观察目的的具体化，使观察活动更具有针对性。适合观察全班幼儿日常行为发生频度，如发现某一特点或某个幼儿特点，如体能游戏中的攀爬；小肌肉运动的串珠子等。

表 3-20　3～4 岁幼儿在户外运动中的粗大动作技能

活动名称	明　明	琳　琳	君　君	浩　浩
原地双脚跳	√	√	×	√
单脚跳	√	×	√	×
踢球	×	√	√	√
抓住大皮球	√	√	√	√
踏三轮车	×	×	×	×

操作：

1. 带领组内成员一同学习一些观察的方法。

2. 选取一个不受干扰的时间，确定想要观察的儿童。

3. 安静地坐在一边，记录该儿童在 5 分钟内的行为，可以使用上述提到的观察方法。

4. 写完观察记录后，自己再读一遍，以完善记录。

二、观察记录的呈现

实践中，我们可能已经发现做一份观察记录并不容易，因为我们不但要努力地观察周围发生的每一件事情，而且要把这一切都记录下来，完全有可能在写的时候错失了一些重要的行为。有一种办法可以让我们的记录工作变得更轻松，那就是组织我们的课题组成员一起制订一份观察计划，充分明确观察目的，确定观察内容，选择观察对象和场所，还可以制定一些结构化的观察记录表，如上文中提到的时间取样记录法、事件取样记录法以及行为核查法，这样一来我们的观察记录就变得轻松了。

除了运用表格进行观察记录，有时候我们还可以用预先准备好的图表，将观察到的情况很快地记入图中，常与多种简单的符号结合使用。例如，要观察一位中班幼儿在角色游戏中的交往方式，可事先绘制一张游戏室的示意图（图 3-11），然后在游戏时间内将该幼儿的位置与交往方式用不同的符号记录下来。

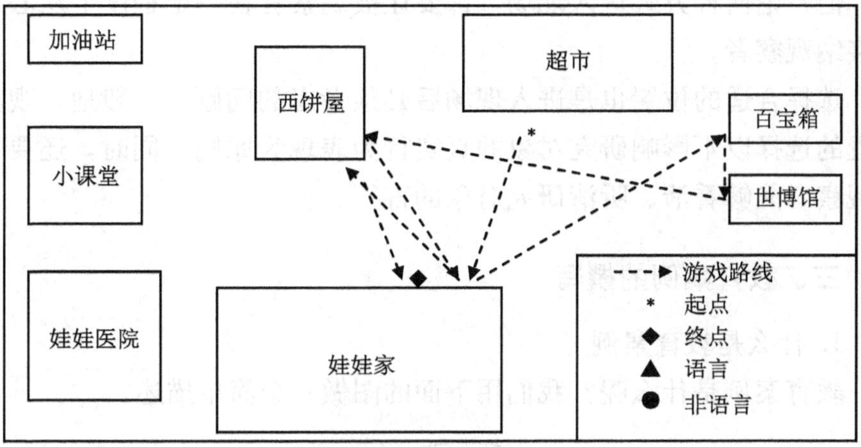

图 3-11　游戏室观察记录幼儿的交往方式

由图 3-11 可知，在观察期间，该幼儿（扮演送货员的角色）的活动集中在娃娃家、西饼屋、超市、百宝箱和世博馆几个游戏区。

如果要记录集体活动中幼儿的发言情况，还可以绘制座位表，这样在当时不必记下名字，只需在事后整理时根据座位查出是谁就行。

在了解了观察记录的呈现方式后，在实施观察时我们还需要注意：

（1）观察内容应紧紧围绕课题研究的目标与内容。如开展幼儿亲社会行为培养的研究，就应把观察内容集中在幼儿园小、中、大班幼儿的亲社会行为方面。

（2）选择合适的观察对象。有的研究问题本身就限定了研究的对象，如研究阅读困难幼儿的学习问题，其对象就是存在阅读困难的幼儿；有的研究没有明确的对象，研究者要划定具体的对象范围，目的是使研究的结果更具说服力。例如，要观察幼儿的同伴交往行为，就需要注意鉴别自闭症患儿；要观察幼儿的专注行为，就要留意鉴别注意缺失病患儿。

（3）明确自己的身份，选定合适的观察位置。我们进入观察现场的方式有两种：一种是以参与者的身份进入现场，作为局内人实施观察；另一种是以纯粹的观察者的身份，不参与任何活动，作为局外人实施观察。这两种方式各有利弊，我们可以根据实际的需要灵活选择。但不论何种方式进入现场，都要让被观察者在一定程度上从心理上接纳观察者。

选择合适的位置也是进入现场后必须考虑的问题。一般地，观察位置的选择以不影响研究对象的真实行为表现为原则。同时，还要保障观察者能够看清、听清研究对象的言行。

三、教育案例的撰写

1. 什么是教育案例

教育案例是什么呢？我们用下面的图做一个简单描述。

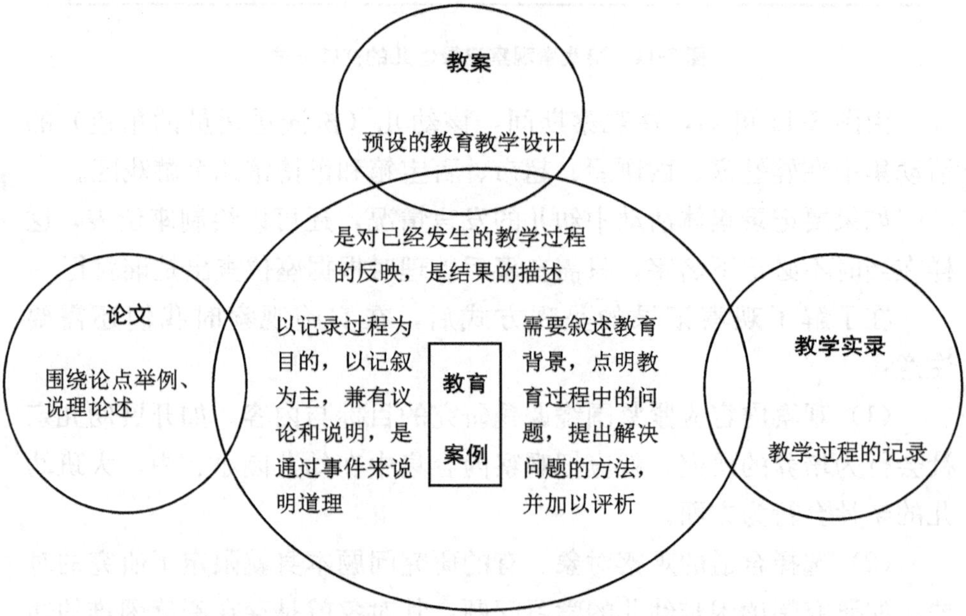

图 3-12 教育案例与其他文体的区别

从图 3-12 中可以看出，教育案例与论文、教学实录、教案之间既有区别又有联系。教育案例讲述的是教育教学过程中的一个实际情境，有时间、地点、人物及人物之间的关系，有叙述完整的情节；教育案例具有典型性，叙述的问题是经常碰到难以解决的问题，我们才可以从中得到启示，去说明、解释、处理类似的事件；教育案例叙述还应该反映出事件发生的特定背景，比如，教师或家长的素质、幼儿园或家庭的教育现状、教育案例发生的契机、孩子所处的社会环境等，以便从更深的层次来分析、研究。

2. 教育案例的结构

通过上图，我们对教育案例有了个概念性的认识。那么如何把教育教学中的一个个生动的故事写成一个有价值的教育案例呢？通过对教育案例“做了一条小花蛇”的解读，我们一起来了解教育案例的基本结构。

（1）背景

教育案例需要向读者交待故事发生的有关情况。教育案例背景的介绍不必面面俱到，而应主要说明事件的发生是否有特别的原因和条件。

①故事发生的环境和条件（时间、地点、人物、事情的起因）。

②提供研究者的一般背景（幼儿园背景、教师背景等）。

【案例】 “做了一条小花蛇”的背景部分

贝贝班新建了一个“小小动物园”，那里有“小河”，几只青蛙蹦跳在绿色的荷叶上；有“草地”，上面摆放着孩子喜欢的毛绒小兔、小恐龙等食草动物；有“树林和山洞”，其中隐藏着“老虎”“豹子”等猛兽，这可是孩子们最喜欢参与布置的区域。这天，可可、小羿、乐乐三个幼儿正围坐在圆桌前，他们看着老师用雪花片精心搭建的小黄鸭，乐滋滋地尝试着搭建小鸭子，试图搭建成功后就可以放进“小河”，让“小鸭子”能快活地游泳。也许搭建小鸭子对小班的孩子来说有点难度。小羿搭了一会儿就离开了，乐乐改变了玩法把雪花片一片一片连接起来，可可抬起头对着老师嚷嚷：“我不会搭小鸭子……”

这则教育案例的背景清楚地交代了幼儿的年龄层次、教师在活动区的环境创设以及幼儿游戏的原始情况，这三个背景信息直接与下文的教育案例主题相关，为下文矛盾冲突的产生埋下伏笔。同时，简明扼要，寥寥几笔就带我们走进了贝贝班。

（2）情景描述

情景描述是对故事关键环节的详细描述，不是经验总结，也不是纯粹地讲故事，而是围绕关键问题讲如何处理，讲具体措施。因此，在撰写情景描述时要注意：

①把握反映主题的特定内容，剔除与主题无关的内容。

②要把关键性的细节写清楚，最好能够写出人物之间的矛盾冲突。

③揭示问题，找出原因，引发思考。

④详细叙述解决问题的步骤或过程。方法有：即时解决问题，事后解决问题，还有罗列解决问题的种种设想。

【案例】　“做了一条小花蛇”的情景描述部分

我快步走过去摸摸可可的头坐在他身边，轻轻说：看小鸭子的头是什么形状的？边说边拿起雪花片示范嵌插的动作，嘴里讲解着要领，可可眼睛紧盯着，小手也试着把雪花片插进另外一片中，总算能够插进几片了，可是他的眉头却皱起来了：“太紧了，好难插啊！”

（此时我发现对小班幼儿来说，由于手部肌肉发育并不完善，力气又小，要做到把雪花片完整地嵌插成一个圆形有难度，怪不得幼儿尝试了几下就放弃，看来可可要独立完成搭建小鸭子的任务是相当有难度的，我是否该协助他完成……）

正当我举棋不定的时候，我看到乐乐还是在一个劲地把雪花片接长，他把雪花片边上突起的圆点安插在另一片雪花片的小圆洞中，大拇指灵活地按动着，我问道：“你用雪花片搭了什么呀？”乐乐得意地说：“我搭得是蛇，妈妈说春天到了，小蛇也会出来游泳的！”一旁的可可也乐了：“可是小蛇怎么没有眼睛呀？”

（两个孩子的对话，触发了我的灵感，何不改变预设的内容变搭建小鸭为小蛇，降低孩子搭建的技能要求，又能满足孩子操作摆弄自主创作的乐趣。）

我接着可可的话，用惊喜地声音说：“乐乐的想法太棒了，可可你的提议也不错，我们赶快到美工区取一些动动眼给小蛇装上，怎么样？”可可拿来了动动眼，我用双面胶把它们安装在“小蛇”的头部，乐乐开心地说：“眼镜蛇，真好玩！”可可连忙拿起雪花片嚷着：“我也要做一条小蛇！”这时小羿被我们的谈话吸引住了，他也开始拼搭起小蛇。我又取来了一些动动眼，作为孩子搭建小蛇的辅助材料，看着孩子们投入的样子，我便悄悄地退出了。

（孩子投入喜爱的样子，让我深信此刻自己没有按照预设的内容来指导幼儿，而是通过关注来自幼儿与众不同的做法，及时添加辅助材料变成幼儿易接受又有兴趣的内容是正确的，因为这让孩子体验到操作摆弄自主创作的乐趣。）

当我再次走近三个孩子的时候，发现桌子上多了好几条花花绿绿的小蛇，可可得意地说："这是我做的小蛇哦！你看，好看吗？"的确这些小蛇转动着圆溜溜的眼睛，有长有短，有笔直有弯曲的造型，真是漂亮又有趣！我欣喜地笑了。不过，我很快发现孩子们制作的小蛇都是用雪花片无序连接而成的，如果放在一起的话可能就无法分辨到底是谁制作的？是否就此让孩子们把小蛇送到动物园的小河中，满足他们的成功感呢？

（《幼儿园教育指导纲要（试行）》强调教师要有整合的意识，我如果能充分利用身边资源与幼儿互动，让他们用各种方法去发现比较小花蛇的异同，从无目的向有意识地探索连接的方法，就可以在发展幼儿建构能力的同时，促进幼儿认知的发展，激发幼儿继续探索的兴趣。）

想到这儿，我就坐了下来对孩子们说："我也想做一条小花蛇。"说着，我用雪花片按照一片红、一片黄这样的规律连接起来并将完成的小花蛇和孩子们制作的小花蛇放在一起问："这么多小花蛇啊！你们还能够找到自己做的小蛇吗？"三个孩子睁大了眼睛，目光聚集到小花蛇上。过了一会儿，可可指着其中一条蛇说："这是我的小蛇，它的头是红色的。""可是这里还有几条头是红色的小蛇呀！我疑惑地问。可可又看了看，伸出手指点数着雪花片说："我的蛇尾巴还有三块紫色的雪花片。"乐乐拿起一条笔直的蛇说："我的蛇是很长很长的。"小羿连忙指着盘旋弯曲的蛇说："这是我的蛇，它卷起来了，它也很长很长的。"可可说话了："到底谁的长呀，你们比一比。"小羿忙把小蛇拉直和乐乐的小蛇头靠头，这下可分辨出来了。小羿高兴地指着多出来的地方说："看，我比你多了四片雪花片。""原来卷起来的蛇看起来短，拉直了就能发现它真正的长度了，那你们知道我的小蛇是哪一条吗?”我接着孩子的话问道。乐乐马上说：“我知道这条是你做的，你的是一块红的一块黄的红黄小蛇。”小羿接口说到：“你的小蛇是有规律的。”“原来我们每个人制作的小蛇都是与众不同的，你们记住自己的小蛇与别人不一样的地方了吗?”我笑着问。孩子们欣喜地点着头，“现在我们就挑一条最棒的小花蛇把它们送到小小动物园去吧!”

(此时此刻，我真正感受到与幼儿共同活动的乐趣。在小组互动的过程中，我如愿地渗透了教育内容，扩展了幼儿的思维方式，促进幼儿更加有效的学习。)

再看“小小动物园”那边热闹的情景：几个孩子围在一起，有的兴奋地向同伴介绍着自己的小蛇、有的让同伴猜测自己的小蛇躲在哪里，有的模拟着小蛇游动的姿态……当然，这就吸引了更多想制作小蛇的孩子。

在这个情景描述中，作者把握住了反映主题的内容——从搭建小鸭子到小花蛇，主题脉络清晰，与主题无关的内容只字不提；揭示了人物之间的矛盾冲突，如教师希望幼儿用雪花片插小鸭子，可幼儿认为太紧了、很难插，而且把教师、幼儿的语言、表情、肢体动作等关键性的细节都描写清楚了；从任意制作小花蛇到渗透教育内容要求的制作小花蛇的过程进行了详细叙述。

阅读、分析完这段情景描述后，我们会对如何叙述一个故事有一个清晰的思路。这则教育案例的作者不但客观、真实、细致地描绘了这一活动区的幼儿游戏情况，而且将自己在教学现场的即时思考也记录了下来，更好地凸显出在活动中教师内心的矛盾冲突，不失为一种巧妙的写法。

(3) 结论、分析与反思

教育案例这一部分的“结论、分析与反思”需要写得具体、有理有据。主要可以包含下面几个部分：

①重述主题。

②叙述资料的结果及对主题的影响。

③结果的启示。

④由此引出的需进一步研究的问题。

【案例】 “做了一条小花蛇”的分析与思考部分

在对区域活动搭建小鸭子的指导过程中，我深刻地体会到：教师要重视有效的师幼互动。由于教师本身水平有限，预先设计的活动内容不一定考虑周全，再加上预设的内容在实施过程中有很多不确定性，需要教育者在观察的基础上，对幼儿的需要和感兴趣的事物进行价值判断，不断调整互动，也可以说区域活动中要形成一个动态的师幼共同学习、共同建构活动内容的过程，才能促进小班幼儿更加有效的学习。

1. 教师应遵循“观察在先”这一理念，才能有效地面对不同的活动对象、活动内容、活动过程、实施有效指导

活动中，我敏锐地捕捉到制作小鸭子时幼儿的不同表现（有放弃、有求助、有变异）。在深入观察并指导后，我还发现幼儿主要存在操作技能跟不上的共性问题，帮助我作出价值判断，改变预设内容，增添新的辅助材料，调动了幼儿继续参与活动的兴趣，使更多的幼儿尝试不同的连接小花蛇的方法，引发幼儿关注小花蛇的不同之处（颜色、数量、形状等），促进了幼儿认知的发展，这也是运用先观察后指导的一个重要收获。

2. 以伙伴的身份和幼儿对话，以激趣的方式鼓励幼儿说发现，能有效地推动活动的开展

当我发现幼儿制作的小花蛇存在很多差异，而正是这些差异让我发现可利用的教育资源，于是我以游戏玩伴的身份加入幼儿的活动，故意制作了一条有规律的小花蛇，并把它混入幼儿制作的小花蛇中，适时地抛出疑问，引发幼儿关注小花蛇的不同之处。这种基于幼儿发展水平的引导，也是我在游戏情景中，发现、了解、判断幼儿的游戏状况与心理后，开展适时的小组分享交流活动。

3. 教师要重视生成的内容和做法，并不断挑战自我，积累生成的方法和时机，判断生成内容的意义与价值

当幼儿尝试制作小鸭子出现了不同的情况时，我的思考判断是：先观察、指导、判断问题所在——设身处地为幼儿考虑，其次捕捉亮点、了解想法——判断来自幼儿生成的内容价值，最后支持生成、提供帮助——鼓励孩子创造性的开展活动。这些做法使生成的内容焕发光彩，从而使生成活动超越了预期的目标。

操作：

上述案例的分析与反思，作者与我们分享了怎样的经验？试着把它写下来。然后思考，这些经验对我们的日常教学有用吗？

教育案例“做了一条小花蛇”虽然只是区域活动中的一个平常事件，但是通过教师对问题的分析与反思，对指导方法的一一剖析，却让我们得到了日常教育教学中与小班幼儿进行互动的不少启示。因为我们知道，记录下研究过程中的生动故事并不仅仅是为了留下资料，而是要留下启示、留下经验，而且还能成为我们研究成效的一种生动体现，上述教育案例就让我们看到一个青年教师在师幼互动研究课题中教育行为的变化。

了解了教育案例后，在撰写教育案例时，还要关注几个值得注意的问题：

1. 进一步把握幼儿教育案例的文体特征

幼儿教育案例与幼儿教育论文不同。论文以说理为目的，以议论为主；教育案例以记录过程为目的，以记叙为主，兼有议论和说明，

是通过事件来说明道理。教育案例也不同于教学设计，教学设计是事先设想的教学思路，是预设的，教育案例是对已经发生的教学过程的反映，是结果的描述。可以说，教育案例与教学实录更接近一些，只是教学实录是纯粹的教学过程的记录，而教育案例则需要叙述教育背景，点明教育过程中的问题，提出解决问题的方法，并加以评析。

2. 要保证所叙述的材料的真实性

真实性是对撰写教育案例的最基本的要求。失去了真实性，读者（研究者）会因依据虚假的材料来分析、讨论而得出不合适的甚至是错误的结论。同样，教育案例中所列举的所有数据，也都应该经过仔细核对，以保证准确，并应说明所引材料的出处。

3. 要注意保护教育案例中所涉及的人物的合法权益

撰写教育案例，不可避免地要涉及教师、家长、幼儿等。而教育案例中的人物的所作所为，有正面的例子，也有反面的例子。若是正面的例子，但说无妨；若是反面的例子，不可避免地会影响到所涉及人员的情绪。因此，若是叙述反面的事件，一定要避免出现人物的名字（在文中可以用“×××”或“某教师”“某家长”“某幼儿”等来表示），以免引起不必要的纠纷。特别是在撰写评析时，要对事不对人，对教育案例中所涉及的事件的评析，只要点明其不足之处，而不需涉及对人物的人格、道德品质等的评价。

思考题

1. 简述科学观察的方法与过程。

2. 根据日常教学的观察撰写一篇教学案例。

第四章　归纳总结中提升、应用

第一节　研究报告的撰写

阅读完本节，您将了解以下内容：

☞ 研究报告的一般框架。

☞ 阐述研究进程的基本方法。

☞ 阐述研究结果时需要注意的问题。

☞ 研究报告的生成过程。

教育科学研究报告是教育科学研究成果的重要表现形式，也是揭示教育规律的主要形式。教育科学研究报告就其内容和写作形式分为：论述性研究报告、描述性研究报告、实证性或实验性研究报告和文献资料研究报告四个类别。论述性研究报告：是一种旨在阐明研究对象的本质及其规律性的研究报告。描述性研究报告：是一种旨在说明研究对象是什么，发生了什么的研究报告。实证性或实验性研究报告：是一种旨在用事实说明现象或事物之间相互关系，互为因果，以及现象为什么发生，怎么能发生的研究报告。文献资料研究报告：是一种旨在以口头、文字、音像等资料为基础，分析、辨明某一方面研究的信息、水平、进程、争议、趋势等的研究报告。研究工作结束一般都应写成研究报告，一是为了科学积累；二是为了相互交流。它不同于工作总结，它必须有理论的和实用的价值，它指导人们进一步去实践或探索问题，要有吸引力和说服力。严格来说，教育科学研究报告并没有统一的格式，但一般来说，大体上有以下几个组成部分构成：报告题目、问题的提出、研究的进程与方法、研究的结果、研究的效果、参考文献等。下面结合案例重点从研究报告的基本框架、研究进程的阐述、阐述研究结果时需要注意的问题、研究报告的生成四个方面分别进行说明。

一、研究报告的基本框架

由于研究项目的内容各不相同，研究的方法各有差异，甚至是写作者个人写作风格的不同，最终的研究报告也不一定要用同样的格式。但一般来说，就内容而言，一个完整的研究报告应包含以下几个部分：

1. 研究报告的题目

在本书的第一章中，已经就如何选题和如何表述研究的题目进行了专门的论述。在研究行将结束的时候，研究者着手撰写研究报告时，首先碰到的是，为研究报告拟定一个合适的题目。一般而言，研究报告的题目应与研究课题的题目无大异，但仍略有不同。下面介绍两种常用的报告题目的表达方式：

(1) 点题式。这种研究报告题目的表述方式直截了当，开门见山的表述研究的主要内容，读者只看题目，便可大概了解报告的主旨。例如“3～6岁幼儿混龄教育方案的研究与实践”“区域性推进幼儿园教育品牌创建的研究与实践”等，这些研究报告的题目与研究课题的题目一致。

(2) 提问式。这种方式的研究报告题目往往以设问的方式，提出一个主旨问题，通篇报告则围绕这个问题的解答展开，给人柳暗花明的感觉。例如，有一篇调查报告的题目是“他们为什么生活在自己的世界里?”报告通过对自闭症幼儿成长经历的调查，分析自闭症幼儿的成因，这样的题目很能吸引读者的关注。

总之，研究报告的题目应当以统领全文、清晰、响亮为基本原则，但也不能拘于一格。

2. 问题的提出

在研究报告的一开头应先讲清楚研究的目的，为什么要研究这个问题，要揭示出研究这个问题的背景。如这个问题有人研究过吗？结果怎么样？这个问题在当前教育实践中有什么争论？在理论上有什么分歧？在实践上有什么意义？这个研究中关键概念的操作性定义是什么等。作者只有把自己的研究放在一定的背景和基础上，纳入某个系统里，进而才能显现出该研究选题的价值和意义。把这些情况讲清楚了以后，再提出所要研究的问题，就能站得住脚。这一部分作为一篇完整的研究报告，是不可缺少的。

许多研究者在研究之初，已经在研究的开题论证材料中就研究的问题进行了辨析和综述，在撰写报告的时候可将其摘录下来，若在研究过程中对自己所研究的问题认识有所变化，也可一并注明。

例如，在一篇“影响儿童理解句子的几个因素”的研究报告中，在“问题提出”中先进行了“理解”“句子”等关键概念的界定，再阐述句子的意义、语法的结构同理解句子有关，说明研究的实践意义，并从文献综述的角度介绍了关于两个因素在当前学界的争论，再提出本研究所要研究的问题等。思路清晰，有一气呵成之感。

3．研究的进程与方法

研究者应当将研究经过的历程进行回顾、梳理和总结，这种总结是建立在对预先研究安排的进程检验和实践过程的反思的基础上的，它一方面可以使研究者对整个的研究进程有新的整体的把握；另一方面，还可以帮助研究者在反思和比对中更加清楚地认识自己研究中的所失所得。在研究报告中，这个部分可以称之为“研究的实施进程”、“主要研究工作”或“研究的实施”等。

4．研究的结果和结论

研究结果是研究报告的实质和主体部分，撰写这一部分的主要目的，就是要将研究结果作为客观事实呈示给读者。这一部分主要包括两个内容：一是对在研究中所收集的原始文献资料和观察资料、实验资料经过初步整理、分析后的结果，如对定性资料的归纳、列条，对定量资料列出图表等；二是对资料初步整理分析后，采用一些逻辑的或统计的技术手段，推断出研究的最终结果或结论。所以这一部分的标题也常写作“研究结果和结论”。

5. 研究的效果、讨论或建议

“研究效果”是研究者通过采用各种研究方法进行研究后所取得的研究成效。“讨论或建议”是研究者根据研究得出的客观事实和结论，结合自己对教育理论和实践的认识和了解，通过分析与思考，对当前教育理论或实践的发展提出自己的认识、建议和设想，因此，这一部分也常常以“成效分析”、“分析与讨论”、“讨论与建议”、“几点建议”、“几点思考”等作标题。

为了叙述和讨论的便利，在有的报告中，这一部分的“讨论”常与“研究结果”部分合二为一，或先呈示“研究结果”，接着“讨论”；或夹叙夹议，交错进行。然而，无论其形式如何，应明确它们之间的本质区别。“研究结果”呈现的是研究中的客观事实，它应该是基本肯定的，并可以在相同的研究中重复出现，而“讨论”则是研究者主观的认识与分析，是研究者将研究的结果引向理论认识和实践应用的桥梁。

6. 附录、附注

在研究过程中所收集的一些客观材料（数据、观察记录、案例），在研究中所采用的一些工具（问卷）、设备、资料等，常常在表述研究结果、论证研究结论或进行重复研究时有举足轻重的地位，它对于读者了解研究过程，分析与评论研究结果与结论，也是十分必要的，这样的资料常常作为附录，列在研究报告的后面。

二、研究进程的阐述

在上述章节的阐述中，关于研究如何一步步的展开，实际已经作了比较细致具体的说明。但是，在研究中，做与说是两个不同思维层面的工作，在研究报告中，以书面语言的方式把整个研究的进程进行全景式的回顾，有利于读者系统的了解整个研究的面貌，也有利于研究者本人将松散漫长的行动历程概括成凝练清晰的心路历程。具体的表述研究进程的方式可以是根据时间的进程，用“记账式”的方式把研究过程中所做过的事情记录下来，也可以用“归纳式”的方式把研究进程中的主要事件进行归纳提炼，用描述事件演进的方式记录研究过程。下面通过例举的方式解析这两种研究进程的阐述方法。

【案例1】 “在积极有效的师幼互动中促进教师教育行为变化的研究”报告的相关章节举例

四、主要研究工作

根据上述研究目标、研究内容和研究思路，我们的主要研究工作是：

（一）准备阶段（2006.9—2008.2）

1. 成立总课题组、分课题组、子课题组；

2. 查阅与本课题研究相关的情报资料。了解国内外研究现状，把握研究动态；

3. 设计总课题、分课题和子课题研究方案。制订了具体的研究计划和措施，形成具体的、可操作的实施方案；

4. 对102位教师及相应班级的幼儿，进行有关师幼互动的实地观察、访谈。获取师幼互动的第一手资料，构建分析师幼互动的概念工具和分类指标；

5. 研究师幼互动行为的现状、问题，总结师幼活动行为的各种类型、每一类型特征及形成原因，撰写调查报告；

6. 总结积极有效师幼互动的经验，并进行典型案例的剖析；

7. 对上海市45位实践组教师、315位对照组教师开展师幼互动和教师教育行为的现状调查，研究师幼互动对教师教育行为的影响，撰写调查报告；

8. 构建积极有效师幼互动范型的要素，并进行基本特征的分析研究，提供给实践教师进行操作、运用，开展预备性的行动研究。

（二）实施阶段（2008.2—2009.6）

开展“积极有效师幼互动改善教师教育行为范型的行动研究”，总课题组、分课题组、子课题组有条不紊地开展研究：

第一步（2008.2—2008.8）

……

（三）总结整理阶段（2009.7—2010.7）

1. 整理资料：积极有效师幼互动案例、教师教育行为优化案例、活动设计等；

2. 整理观察和调查的数据，进行研究前后数据统计处理的比较分析；

3. 各子课题组撰写结题报告；

4. 各分课题组修改、完善成果框架，撰写相关的结题报告和论文；

5. 总课题组撰写结题报告。

案例 1 是全国教育科学“十一五”规划教育部重点课题的研究报告中关于研究进程的阐述，属于典型的按照时间进程，用“记账式”手法分别记录研究过程中的诸事件。这种阐述方法明显具有以下两方面特点：

(1) 简单明了，易于操作。报告撰写者只需要了解研究中在哪些具体时段做了哪些事，按照时间序列作列举即可，不需要对这些研究中的行为产生的影响和结果进行阐述。但这也要求报告撰写者应当全程参与或知晓研究的进程，并对过程中的事件作详细记录。特别是对于一些持续较长的研究课题或项目，研究者应当建立好研究进程档案，以备查阅。

(2) 结点明确，便于比对。这种研究进程的阐述方法，严格按照时间进程罗列相关事件，并分成了几个具体时段，如准备阶段、实施阶段、总结整理阶段等。每个阶段都有明确的时间结点，这可以方便研究者将其与研究前所制定的方案中的进程安排进行比对，看看哪些研究工作完成，哪些还没有完成；哪些是按计划完成的，哪些没有按计划完成。从前后研究方案的比对中找出研究中尚存在的问题，为后续研究作准备。

【案例 2】 某幼儿园“‘游戏课程’中对幼儿生成活动回应策略的研究”第二部分

本课题实施中，我们启动了幼儿园全体教师参与研究，并确立全园 3～6 岁全体幼儿作为研究对象。我们采用案例法、调查问卷法和行动研究法相结合的方法展开研究，并将过程分为三个阶段，有计划、有步骤地解决问题、落实难点。

第一阶段：现状调查，形成研究方案

我们通过调查问卷了解各层面教师的实际状况，并依此制定行动研究的方案。我们围绕新理念开展专题培训与学习，并通过层层研讨帮助教师认识幼儿生成活动的重要性。在这一阶段中，教师认识到"关注幼儿生成"的意义，并尝试收集一日生活中幼儿自发生成的各种问题。只是，在这一阶段的实践中我们发现：教师仅仅捕捉幼儿的提问，以为幼儿的提问就是有意义的生成，就是教师回应的源泉，而忽略了幼儿的"平常时刻"。"难道生成活动真的只能来源于突发事件和重大事件?""难道要寻找幼儿的兴趣热点和探究愿望真的只能依赖于生活中的突发事件和重大事件?"面对上述问题，我们确立了第二阶段的行动方案。

第二阶段：聚焦案例，推进行动实施

我们基于"教师关注偶发事件"的实践现状，提出"还儿童自由、让儿童真游戏!""让儿童玩中学、促儿童真发展!"，我们倡导教师要带着一种认同、欣赏的情绪情感来看儿童游戏，积极为幼儿创设良好的游戏（学习）环境。同时，我们在广泛收集案例的基础上，聚焦案例，推动教师进一步实施准确的价值判断。只是，在这一阶段的研究中有一些问题依然徘徊在教师脑海里："不同年龄的幼儿在生成活动中的表现如何?""如何准确实施价值判断?""回应策略到底有哪些?"……我们意识到解决这些问题，将有效提升教师对幼儿生成活动实施准确的价值判断的能力，而且能激发教师运用回应策略来共享幼儿的生成活动。

第三阶段：反思调整，提炼回应策略

我们依托教研组归纳不同年龄段幼儿生成活动的本质特点，开展多层次的教研互动回应教师的实践问题，从而有目的地提升教师的实践经验。我们结合"2006 上海市学前教育论坛"，开设了"生成与预设"教育专场，提供平台让有经验的教师来总结、介绍、展示自己的教育成果。我们还组织骨干教师"与专家面对面"，在与专家"零距离”的互动中拓展教师的教育机制，最终帮助教师在大量的实践案例中归纳、梳理、总结形成教师的价值判断和回应策略。

案例2的阐述方法显然与案例1不同，属于比较典型的用“归纳式”的手法概括研究过程中的主要事件。这种记录方法不刻意强调具体的时间结点，而是着眼于总体，提炼出研究进程中的梗概和脉络。这种阐述方法具有以下特点：

（1）着眼全局，整体把握。这种不拘泥于记录过程中的细节描述的阐述方法，可以让研究者清晰而整体地把握自己研究的大框架，不会因为时间结点的原因而对研究进程作生硬的阶段切割。事实上，在研究中，很多研究行为是一以贯之的，某一具体的研究行为，可能分布在研究的起始、进行和总结的整个研究过程之中。

（2）重点突出，脉络分明。事实上，我们在记录研究过程的时候，不可能也没有必要把研究者所有的所思、所为全部记录下来。而只需要抓住研究的梗概，对其中最重要的研究事件进行记述。

通过对以上两种研究进程的阐述方式的对比分析，我们可以发现，对于同一个研究过程，我们可以根据实际需要采用不同的记录方式。但是，研究者应当清楚的是，要阐述好研究的进程，必须认真地作好研究的方案设计、过程记录和实践反思等。不能仅凭大概印象撰写研究的进程，因此，我们主张幼儿园教师作为研究者应当建立和利用好“研究的档案”。在这个档案中，包括：①研究方案；②研究背景及学习材料；③研究过程的体会及论文；④研究过程的典型案例；⑤研究取得的成效凭证；⑥研究记载册；⑦研究的阶段总结报告等。教师在做研究时，对研究要经常开展“研究档案袋”检查交流活动，在收集和整理“档案袋”材料中，不断充实和丰富研究的档案材料，为研究报告的撰写作好充分的准备。

三、阐述研究结果时需要注意的问题

研究方案中设计的方法和预设的成果在研究报告中应该有所体现，但在有的研究报告中往往不是如此。如研究报告中设计了问卷调

查法，但研究结果中没有问卷调查分析的影子，研究结果和问卷调查没有关系；研究报告中设计了行动研究法，但研究结果中没有体现行动研究的特点；研究报告中设计了文献研究法，研究结果中也没提到参考文献。还有一些课题名为实验研究，且设计了对照班，但在研究结果的分析中，多运用模糊语言，进行定性分析，没能根据事实材料和数据提出结论，以印证成果，削弱了可信度。诸如此类的问题在幼儿园教师的研究报告中并不鲜见，下面从五个方面进行例解幼儿园教师如何在研究报告中阐述研究的结果。

1. 要重视定量与定性分析的综合运用

与其他学科的研究报告有所不同的是，教育科研作为一种社会科学研究，一些研究者往往更注重定性的分析，更注重举例说明问题，即使是数据，往往也停留在例举与罗列的水平上，鉴于此，应该强调，在研究报告中既要重视定性的分析，更要注重定量的分析，既可以有一两个典型事例或一些数据资料作为佐证，更要有对客观数据资料的统计分析处理。

上海市虹口区体育幼儿园在开展“运动中童车、滑板和大型运动器械教育价值的研究”报告中用一组对照数据直观地说明了幼儿立定跳远、沙包投远、20 米跑、直臂悬垂、单腿立等方面的成绩进步显著。间接证明了幼儿园由于坚持利用大型组合运动器具开展活动，因此幼儿的粗大动作水平发展是非常显著的。

表 4-1　上海市虹口区体育幼儿园中班幼儿粗大动作水平测试对比表

项目 时间	立定跳远 （均厘米）	沙包投远 （均米）	20 米跑 （均秒）	坐位体前屈 （均厘米）	直臂悬垂 （均秒）	单腿立 （均秒）
2003 年 9 月	65	3.5	7″56	3.5	26″57	19″87
2004 年 1 月	101	6.5	5″39	3.6	39″11	50″57

当然，对于研究中获取的数据资料，研究者尽可能的不要仅仅停留在为事实例举的水平上，而应采用一些统计分析的技术，上述案例中，作者用 5 个月前后平均数直接比对的方式，向读者说明研究行动的前后变化，属于比较简单直观的数据描述，如能进行研究前后的双

变量推断性统计（上例中进行 t 检验），那么对研究前后的变化就更有说服力。随着教育测量与统计技术的发展，特别是计算机辅助教育测量与评价技术的发展，幼儿园教师也可以适当引入较为规范和科学的统计分析技术，如差异显著性检验（χ^2 检验、t 检验）、数据效度和信度的分析等。以从较为科学的研究数据的变化中揭示事物的本质属性。

在具体的问题表述上，对于统计图表上出现过的事实，没有必要再用文字重复叙述，而是要透过这些数据指出它们背后所说明的深层问题。然而在实践中，经常可以看到有些幼儿园撰写的报告中，以一个具体的案例来说明研究结果和结论，看上去是符合逻辑推理和易于理解的，但这样的结论具有很强的情境限制性，缺乏科研报告的严密性和规范性。

2. 切忌妄下结论

在研究报告中，研究的结果与结论仅仅是对研究过程中所收集的事实材料的客观归纳。在这一部分只可以例举客观材料，严谨地提出结论，切忌夸夸其谈，妄下结论，任意引申和发挥。还有很多研究者为了表达研究所起到的实际收效，往往喜欢从幼儿园、幼儿、教师身上所发生的变化诸方面进行归纳，模糊了研究结论和研究成效的概念。

【案例】 上海延吉幼儿园在《让孩子在生活中阅读标志的实践与探索》研究中得出这样的结论：阅读不仅仅是单纯的看看、讲讲，更重要的是通过各种阅读培养幼儿良好的学习习惯，培养幼儿的想象力、创造力及各种能力。阅读标志，将以崭新的阅读视角拓宽阅读范围，丰富阅读内容，使幼儿在各种丰富的阅读中提高阅读能力。

这段看似简单的关于研究报告的陈述背后，是研究者对幼儿在生活中阅读标志的深入研究和客观思考。研究者没有简单地在报告中以幼儿获得了什么荣誉、教师得到了什么奖项、幼儿园得到什么赞誉等作为研究结论的陈述，而是客观地陈述了作为研究者在研究之后对该问题所获得的新的认识。换言之，在研究报告中，表述研究的结论，就是结合数据等，说明研究者在核心问题上认识发生的哪些变化。

3. 论点陈述力求简洁

撰写研究结果的直接目的是供人阅读，所以研究者撰写研究结果应以事实与数字为主，推敲文字叙述，力求简洁明了。在可能的情况下，以最直观易读的方式呈现研究的结论，务求结果明晰准确。

上海市瑞金一路幼儿园在“大班幼儿自主性阅读支持策略的案例研究”的研究报告中归纳了自己研究的结果，他们在研究结果中鲜明的指出：多元阅读环境的创设是激发幼儿自主性阅读首要策略；因人而异的教师介入是推进幼儿自主性阅读的有效策略；生生互动是不可忽视的支持策略；家园共育是促进幼儿自主性阅读良性发展的双赢策略。

四、研究报告的生成

在真正着手一篇研究报告的写作的时候，往往研究者会遇到一些具体的操作问题，这里从四个方面分别介绍一些普遍的经验和做法。

1. 明确报告的主题

研究结题时，我们会面对一大堆研究资料，如何找出报告的核心主题是我们首先面临的一个问题。一般来说，研究报告的主题应是与研究方案中的研究核心内容密切相关，但也有可能在研究进程中有新的进展或变更等情况出现，所以我们需要整合所有研究资料，进行科学的归纳、演绎，尽量提炼出课题研究后的创新观点。要表现出研究报告中不同层次内容的深度、上下位的联结关系和并列标题之间的相互对应的统一整体关系。通常只阐明一个主题。

常用的提炼方法有：头脑风暴法。即反复阅读所得的材料，用自己的想象力和直觉进行梳理，使用不同的概念将材料内容串成一个整体，将各种概念之间的联系用图画出来，设想使用不同的方式进行写作。逐级归纳法。即根据自己的具体情况明确研究的类型，借助于相应的文本框架把所得的材料进行排列组合。从事实资料出发逐级归纳出基本论点，甚至中心论点，完成通过现象揭示本质的过程。

2. 草拟报告提纲

围绕梳理所得的逻辑顺序，构建研究报告大致框架结构，显示论证层次以及论证方法。先是搭起研究报告的大框架，再考虑每部分层次结构，然后列出每个层次的段落要点和事例，最后将一些相关材料及索引分配在各标题下以备用。形式上是使通篇文章层次分明，内容上是对各部分材料的概括。提纲有句子式、标题式、图表式和段落式。拟制提纲的程序同逐级归纳法正好相反，即从中心论点出发到基本论点再到下位论点最后到资料。

3. 形成初稿

在准备好充分的材料、巧妙的构思和拟定完整提纲基础上，大胆地把自己最初的感受、意念及有价值的东西先写下来。

在实践中，常用的操作方法有：循序渐进法，即按自然顺序写，也就是按照研究方案中的研究内容，逐点按研究内容顺序一个个写下来。分题单写法，即化整为零，将全文分开来写，有人写“问题的提出”，有人写“研究方法”，有人写“研究结果”，有人写“研究效果”等，各部分写完后再从整体上进行协调。先易后难，即根据思维的活动展开写，思考成熟什么，就先写什么。

4. 修改定稿

从斟酌观点、增删材料、梳理结构、润色语言和核实附注等方面，用趁热打铁法（边写边改，一气呵成）、诵读修改法、冷处理法（存放—冷却—补正修改）或以文会友法（同行交流—专家点评—自我修改）等方法。

对形成的初稿要进行精雕细琢。写作中的最新灵感又促使我们不断进行反思，进一步明确研究意图和写作焦点，可重新考虑并改变既定的写法，直至修改写作提纲，扩大与容纳一些新的观念和认识。

一篇合格的研究报告至少应满足科学性、新颖性和可读性的要求，而真正能打动、启迪读者的，是作者对问题深邃的独到的见解和缜密精辟的分析。全文自圆其说，结构严谨，意思贯通，脉络分明。

思考题

请结合自己的课题研究，撰写一份结题报告。

附　婴幼儿入园适应性研究报告

上海市曹杨新村第三幼儿园课题组*

1. 问题的提出

2～3岁婴幼儿入园前主要生活在家庭中，对亲人的依恋和依附感强烈，随时可得到适合其需要的呵护。进入幼儿园，面对环境和生活常规的转变，使婴幼儿面临着生理和心理的新的挑战。其身心尚未随着环境的变化完全转变，由此产生了矛盾并形成分离焦虑。“分离焦虑”是指婴幼儿和抚育者之间产生分离时所表现出来的一种不安情绪和行为。美国的一位心理学家研究发现，早期的分离焦虑如得不到缓解，会降低孩子智力活动的效果，甚至会影响其将来的创造力以及对社会的适应能力。

行为科学认为，适应是指个体的各种心理活动的方式对自己的行为进行调节，以便使自己能够顺利适应环境的过程。近年来，由于入托、入园孩子年龄下降，焦虑程度严重的幼儿数量在增加。因此，做好婴幼儿入托前、后的心理准备工作是帮助婴幼儿不断发展的前提。入托前让婴幼儿了解他即将开始的生活；激发他们对集体生活的向往；重视婴幼儿的情感转移，对适应环境和与人相处起着潜移默化的作用。

本课题通过研究和实践，创设适应婴幼儿心理、生理特点的物质环境，构建满足婴幼儿成长需要的心理氛围的精神环境，减缓婴幼儿的分离焦虑，发掘并积累与婴幼儿入托适应性相匹配的指导策略、指导原则及活动形式。帮助婴幼儿情感转移，逐步适应幼儿园的生活，迈出结实稳当的入园第一步。

2. 研究方法

(1) 研究时间

2003年2月—2004年1月

---

* 课题组成员：金佩庆、黄梅娟、汪泓、赵颖、平文洁、武嶙琳、王辉。本研究报告由黄梅娟执笔。

（2）研究对象

采用整群取样的方法。选择曹村三幼托 2 班为实验班，选择本区同水平幼儿园中一托班为对照班。实验班和对照班幼儿人数均为 25 人，教师在教龄、学历、带托班幼儿方面经验相似。

（3）研究内容

①新入托幼儿分离焦虑现状的研究。

②对实验班、对照班进行不同的入托适应性实验研究。

③发掘并积累缓解婴幼儿分离焦虑的指导原则、指导策略及活动形式。

（4）研究方法

①观察法

在开始入园适应活动的前一天，实验班、对照班幼儿分别独立来园一天，教师观察记录幼儿的行为表现，对幼儿的分离焦虑现状进行调查。

②实验法

A. 实验班自 2003 年 9 月 1 日起进行为期三周的入托适应活动。

第一周：每天两小时的亲子活动。孩子们在亲人的陪伴下，参加各项活动，熟悉幼儿园、老师、同伴——一个全新的环境。

第二周：在维持半日活动的基础上，不需要家长陪伴，并增加了适应活动的内容——午餐。

第三周：提出了进一步的要求，由半日适应活动延长为一日适应活动，增加了午睡这一环节。

B. 对照班则按常规于 9 月 1 日正常开学入园。

观察记录实验班幼儿在适应活动中来园游戏、运动、进餐、午睡中的情况。三周后对实验班、对照班幼儿在来园游戏、运动、进餐、午睡活动中的情绪表现进行观察比较。

3. 研究结果

（1）新入托婴幼儿分离焦虑现状

①分离焦虑现状比较

表 1　新入托婴幼儿活动中分离焦虑表现的现状调查比较（%）

	来园游戏		运动		进餐		午睡	
	情绪不稳定	情绪稳定	情绪不稳定	情绪稳定	情绪不稳定	情绪稳定	情绪不稳定	情绪稳定
实验班	80	20	64	36	60	40	68	32
对照班	76	24	56	44	64	36	72	28
差异显著性	$\chi^2=0.06$ $P>0.05$ 无显著性差异		$\chi^2=1.67$ $P>0.05$ 无显著性差异		$\chi^2=0.04$ $P>0.05$ 无显著性差异		$\chi^2=0.05$ $P>0.05$ 无显著性差异	

注：经过观察，根据教师的经验，对情绪稳定及不稳定的界定进行归纳：

情绪稳定——愉快入园、不哭闹，愿意和老师一起活动。

情绪不稳定——因对环境的不适应和对亲人的依恋而产生强烈的哭吵、拒食、出现攻击行为、压抑、恋物等。

由表 1 可见，通过在适应活动开始前的一天的调查，实验班幼儿在独立适应来园、运动、进餐、午睡这几个环节中，情绪不稳定的幼儿与对照班幼儿在来园、运动、进餐、午睡这几方面情绪不稳定的幼儿人数没有显著性差异。因此，实验班和对照班幼儿的情绪表现基本接近，分离焦虑现状基本相同。

②婴幼儿身心发展特点与入园初的分离焦虑表现

2～3 岁幼儿由于躯体动作的发展，扩大了活动范围，也扩大了认知范围，产生了学习与人相处的社会性需要，自我意识是以自我主张的形式表达出来，情绪容易波动，心理特征的行为倾向明显。入园前，婴幼儿主要生活在家中，随时可得到适合其需要的呵护，对亲人的依恋和依附感强烈，同时对熟悉的生活常规一旦改变即表现为剧烈的情绪反映，进入幼儿园，对他们来说是一个重大的环境转变，尤其入园初期，一下子从一个熟悉的环境到一个全新的环境，从个体到群体，幼儿园是一个他们所无法预料的环境，这一切都对婴幼儿的生理和心理提出了新的要求，而其身心还未完全转变，由此产生矛盾、冲突，即所谓的“分离焦虑”。通过对入托第一天的观察，我们发现婴幼儿的分离焦虑行为主要表现为：

A. 拒绝——不吃、不喝、不肯睡觉，不让人接近，不肯轻易挪动自身所处的位置。

B. 过激——大哭、大喊、发出尖锐的叫声，躺在地上翻滚，紧搂亲人不让离开，冲出大门，不进教室。

C. 攻击——打、踢、咬试图接近他的老师。

D. 压抑——搂抱自带物品不放，若取走便哭闹，不参加活动，退缩在后，眼光始终望窗外。

E. 自慰——吸吮手指，闻自己的衣物。

以上行为反映了婴幼儿心理需要和新的环境要求之间的适应而产生的焦虑、恐惧、不安全感。这既是他们最初进入社会的尝试，也是心理上的“危机”，如果把握不好，忽视心理发展规律，极可能给孩子带来心理伤害，为其今后发展带来心理隐患。

（2）指导原则

当今俄罗斯教学改革者之一布鲁多娃大师，把儿童跟植物做比较，得出结论：幼儿的成长跟植物的成长相似，主要靠自身的因素去建造成长，并具有鲜明的个性特征。教育工作者要千方百计地为他们提供充足的水分、阳光、肥沃的土壤、新鲜的空气等有利条件。这对我们深有启益。针对新入托幼儿的身心特点，我们感到在适应活动中教师的指导应遵循以下的原则。

①安全性原则

幼儿园和家庭是两种不同的环境，幼儿已经适应了家庭那种比较宽松、自由的环境，进入幼儿园后面对陌生的环境和教师，以及对幼儿园的一套常规，孩子往往表现出无所适从。可见，创设适应婴幼儿心理、生理特点的物质环境，构建满足婴幼儿成长需要的心理氛围的精神环境是帮助孩子在较短时间内适应新环境的需要。

安全性原则包括游戏环境的安全和心理环境的安全。

游戏环境的安全：由于婴幼儿年龄小、生活自理能力和自我保护能力都较差，幼儿园环境创设的安全原则十分重要。安全原则不是简单的限制活动，而是在创设环境过程中，注意排除各种隐性的不安全因素。为此，室内环境中我们特别创设了低视觉的安全、宽松、温馨的家庭环境，将孩子置于一个如同家中方便、有趣、新奇，又完全以他们为主的环境中。在角落中铺设地毯让孩子可以自由爬动或躺下休息，提供半隐蔽的小帐篷让孩子小憩，有了属于自己的“私密空间”。室外环境中，由于2岁幼儿正处于自我中心时期，我们提供了小型的、功能型器械玩具，使每个孩子都能活动。同时在户外场地创设了大片的草坪、低矮的山坡、山洞，小池塘等，让孩子们在浓缩的“世外桃源”中尽情爬滚、嬉闹。

心理环境的安全：我们感到对于新入园的孩子来说，和谐的心理氛围更为重要。它包括良好的人际关系、平等、和谐、宽松的生活学习氛围，和蔼的教态以及对幼儿足够的关爱和尊重等。我们特意挑选了具有一定育儿经验的年轻妈妈担任托班的教养工作，将自己的亲身经验与工作相融合，赋予托班教养工作以新的理念。

②情感性原则

情感是婴幼儿的精神食粮，面对陌生的环境、陌生的老师和陌生的同伴，情感交流就显得尤为重要。为了使婴幼儿在入托前初步了解他们即将开始的生活，激发他们对集体生活的向往，尽快与老师建立最初的情感依恋，老师们适宜的言行举止更有助于缓解婴幼儿的分离焦虑，尽快达成情感转移。

A. 亲：对待托班婴幼儿因亲情色彩浓重，我们像妈妈那样去爱、去接近、接受每个孩子，通过语言、动作、表情及更多的身体接触（抚摸、搂抱、拉手等）满足所有孩子爱与被爱的情感需要。

B. 宽：我们不苛求每一个孩子在同一个时间段内完全适应新的环境，理解孩子的各种不适应是正常的，宽容的对待每个孩子。

C. 乐：我们愉快、稳定的情绪，是营造班级氛围的良方，在充满乐趣的活动中，孩子才可能减轻心理压力，逐步对新环境产生依恋。

D. 信：充分相信每个孩子的发展潜力，我们的信任和鼓励使他们乐于表现自己，并主动学习适应新的环境，在自我调整中建立新的信心，自如的在新环境中发展。

E. 安：我们及时、准确体察孩子在新环境中对成人较强的依附需要，通过妥帖的照料、保护，细心的关爱、引导，使孩子感到安全和安适。

③适切性原则

兴趣是创造一个欢乐和光明的游戏环境的主要途径之一，为了使幼儿带着喜悦的心情，积极愉悦地参加适应性活动，我们首先考虑活动内容的适切性，因为 2～3 岁的婴幼儿心理活动受情绪支配作用很大，还不能用理智支配行动，行为易受情绪支配，更多是无意性的。选择婴幼儿熟悉的、感兴趣的活动内容来吸引孩子，愿意亲近老师，与老师互动参加各种活动。比如当孩子们看到老师手中自制的“彩色的气球”，又好看又好玩，不禁跃跃欲试。有了兴趣，他们就有了活动的积极性，不再依附在家长身前做个“小听众”，而是积极地与老师一起选彩纸、撕纸、装袋，忙得不亦乐乎，伴着孩子们银铃般的笑声，一个个五颜六色的“气球”在空中飞舞。

其次，我们考虑的是活动形式的适切性。丰富多样的活动形式不仅能减轻和逐步消除婴幼儿的心理压力和焦虑感，使其顺利的进入群体，健康的渡过从家庭生活走向社会集体生活的一个重要转折，同时，为形成婴幼儿经验，为教师挖掘教育因素提供了创造的空间。为此，我们设计了三周的适应活动方案，循序渐进的环节增加，时间延长，使幼儿了解并适应了他们即将独立面对的集体生活。

④活动性原则

依照婴幼儿发展的特点和规律，我们结合“顺其成长、适应教养”的现代育儿观，采取孩子最容易接受的亲子游戏等方式，寓教于玩，寓教于动，精心设计了各种游戏。丰富多彩的游戏活动，激发了幼儿参与的兴趣。

在我园，中大班的教室和活动场地在底楼，而刚入托孩子的教室和活动场地却安排在二楼和三楼。在适应活动的初期，我们发现父母长辈怕孩子摔着、疼爱孩子，或是大人抱来，手推车送来，或者保姆背来，放学时也是同样的情景；许多孩子不愿意甚至不会自己走楼梯，稍有碰撞就跌跤，娇气、活动能力差，是孩子入园哭闹的原因之一。

两岁的孩子已经掌握基本的走、跑、跳能力，针对孩子怕走楼梯的这一现象，我们感到多走、多跑、多跳、多爬楼梯，也是重要的入托准备，因此我们设计了"送小动物回家"、"大脚踩小脚"等练习上下楼梯的游戏。在游戏中，我们将各种小动物的脚印贴在台阶上，吸引幼儿愿意独立地上下楼梯，并辅以儿歌"小脚小脚找朋友，一步一步走走好"。起初，宝宝们由于胆怯，迟迟不肯开步。在老师的鼓励和小动物的吸引下，宝宝开始蠢蠢欲动、跃跃欲试，他们勇敢地迈出了第一步，慢慢地越走越稳、越走越快，先到终点的宝宝竟然还会为同伴加油鼓劲呢！这些游戏不仅使孩子身体得到充分的锻炼，促进动作的灵活性、协调性和平衡性；而且还激发了愉快的情绪，培养了孩子的勇敢自信。

进餐是一日活动的重要环节，两岁的孩子不会独立吃饭，不会咀嚼的现象相当普遍，有的孩子甚至边吃边哭，能力上欠缺更加剧了孩子的焦虑表现。自己吃饭，不仅仅是一种能力的培养，更是孩子自信的需要，为孩子更好适应独立生活作好铺垫。为此我们又设计了"装豆豆"的游戏，宝宝在家长的帮助下，第一次尝试自己用小勺将黄豆舀入易拉罐中，"喂瓶宝宝吃饭"，孩子们新鲜极了，舀了一勺又一勺，口中喃喃自语："来，我喂你吃饭饭哦。"看着他们小心翼翼地模样，把勺中仅有的几粒豆都认真地送入瓶宝宝的口中，为自己的成功而兴奋不已。反复地操作让孩子们在无形中练习了用小勺的动作，逐步淡化了他们对自己进餐的恐惧心理。

(3) 行之有效的多元途径，缓解幼儿分离焦虑的指导策略

心理学研究表明：孩子初进入群体环境，基本需要的满足可以减轻孩子焦虑，必须通过有效的途径加以排解和疏导。"满足需要，减轻焦虑，帮助婴幼儿自然进入群体环境"是孩子安全感的基础，是孩子对新环境刺激适应的关键。

①家园同步策略

家长是婴幼儿接触最多的人，家长的言行举止对婴幼儿的影响力是不可忽视的。为帮助幼儿更好地适应幼儿园的生活，争取家长的配

合，达到家园教育同步，形成教育合力是关键之一。

A. 走进家庭，诱发婴幼儿情感转移

开展适应活动前，我们对每个孩子都进行了家访。一是通过家访与幼儿接触，让幼儿初步认识老师，建立感情。二是了解幼儿的生活习惯、兴趣爱好、个性特点和家庭环境、父母素养以及他们在对待幼儿教育问题上所持的观点等。我们亲切自然地进行自我介绍；叫叫孩子的小名，牵牵他的手，通过身体的接触使孩子对我们产生好感；和孩子一起玩他们喜欢的玩具；谈他们感兴趣的话题，还尝试送小礼物给孩子，缩短彼此之间的距离。让孩子认识我们、喜欢我们。

B. 专题讲座，形成教育合力

通过开设讲座、召开家长会等途径，指导家长做好婴幼儿入托前的心理准备工作，帮助婴幼儿适应新环境。

a. 让孩子达到最佳心理状态

自豪——我已经长大了，所以我要上幼儿园。

向往——幼儿园里可以学好多本领，还有很多小朋友一起做游戏，可开心啦！

熟悉——我知道幼儿园是什么样子的，做什么事情，妈妈都告诉过我。

安心——爸爸、妈妈很爱我，老师也会喜欢我。

b. 让孩子达到最佳能力状态

生活——放手让孩子去尝试自己该做的事情。（进餐、如厕等）

语言——鼓励孩子用语言表达自己的愿望。

交往——创造机会接触其他小朋友。

C. 参与活动，帮助家长顺利度过“入园适应期”

教师要与家长沟通，给家长信心。我们将幼儿在园的一天生活情况向家长做简单的介绍，让家长做到“心中有数”。在离园时间，对幼儿的表现多进行肯定和鼓励，使得家长欣慰，坚定“送孩子上幼儿园是正确的”的信心。我们用打电话的方法保持家长与幼儿间的关系，一方面，使幼儿听到父母的声音缓解不安情绪；另一方面，可缓解家长的紧张情绪，安心的参加工作，解除家长的内心之忧。

②空间策略

1.5～3岁幼儿对环境的依赖性很大。幼儿从熟悉的家庭环境一下子来到陌生的托班环境，对他们来说是一个重大的环境转变，往往会在心理上产生一种恐慌和不安全感。因此，有意识地创造一个与家庭氛围相似的环境显得尤为重要。

营造安全、宽松、温馨的“家庭式”的环境。从婴幼儿角度，“家”是温馨、柔和、熟悉和生活方便、可依恋、松散随意、不压抑、感到安全的地方。我们将有利于孩子心理健康的“家”的特质作为幼儿园环境结构中的一部分。软软的海绵垫让孩子们坐在垫上说说话、听听故事、唱唱歌，还可以玩玩具。这样孩子们的身心都很放松，避免了坐在椅子上那种拘谨的感觉。小沙发、小桌椅、低矮的镜子和一抬腿就能爬上的“小花床”，半封闭和全开放性玩具柜，可给孩子一个相对独立的空间，易于孩子独立取放玩具，将孩子置于一个如同家中方便、有趣、新奇，又完全以他们为主的环境中。

为了让孩子在陌生的环境中找到熟悉的感觉，开学家访时我还向家长收了一张全家福照片，爸爸妈妈熟悉的身影，使他们找到家的感觉。我还请家长把孩子最喜欢的小杯子拿到幼儿园来，用自己的杯子喝水，使他们备感亲切。孩子们还可以把最喜欢的一件玩具拿来，在自由活动时，孩子们可以玩心爱的玩具，在摆弄熟悉的玩具中使焦虑不安的情绪得以宣泄。

③时间策略

婴幼儿感知觉能力的发展必须经历一个过程，各种感觉器官接受信息，大脑进行协调及其作出的反映必然经过一系列的操作才能达到成熟的程度，这样的过程是婴幼儿在已有的经验基础上，对当时的刺激选择性的作出反映，所以每一次的活动必须是在已有的经验基础上的不断完善，是自我建构的过程，这样的过程必然需要一段甚至很长的时间。已有的研究发现，被动的教学也会让大脑作出反映，但是，只有让幼儿主动积极的接受，这样的学习经验才更容易被固定下来。这就需要成人在教育中必须要有耐心，以期待的心情等待他们发展起来。为了让婴幼儿更快更好地适应幼儿园的群体生活，在每个环节转化的过程中，教师不急不催，让婴幼儿保持比较稳定的情绪状态，减少紧张的情绪压力，我们将入托适应性活动分为循序渐进的三个阶段。

A. 第一阶段（第一周）

许多人认为，家长早晨送幼儿到幼儿园以后，一旦孩子哭闹，不肯让家长离去，作为家长千万不能心软，必须马上离开。这就是所谓的“强迫分离”。我们认为，“强迫分离”不仅不能从根本上解决问题，而且只会加剧幼儿的分离焦虑，会使那些焦虑程度较重的幼儿逐渐形成对入园的恐惧，丝毫无助于幼儿的心理健康。“强迫分离”是不可取的。针对“分离难”这一现象，我们设计了每天两小时的融做、玩、唱、跳于一体的亲子活动。在活动中，孩子们在亲人的陪伴下，愉悦的参加各项活动，熟悉幼儿园、老师、同伴——一个全新的环境。有了亲人的全程陪同，给了孩子绝对的安全感。童趣的环境、新颖的玩具完全吸引了孩子，他们愿意尝试在集体中盥洗、吃点心，完成一些简单的生活活动，甚至愿意尝试离开父母，与老师、同伴一起游戏。

B. 第二阶段（第二周）

孩子既保留前阶段的心理需要倾向，又在满足的同时和环境信息的作用下，产生新的焦虑或期待。这一阶段优势需要的满足，将缩短幼儿的期待，顺利接受和依从新环境。这是初入园婴幼儿实现优势需要转换的过渡期。

经过第一周的适应活动，使孩子们对幼儿园的环境、老师和同伴有了初步的认识，在此基础上，我们对适应活动进行了调整，在维持半日活动的基础上，不需要家长陪伴，并增加了适应活动的内容——午餐。我们发现，大部分的孩子愿意在老师的帮助和鼓励下，尝试自己盥洗、吃点心，并愿意与老师一起游戏。尽管时不时地会想念亲人，但不多会儿就能被老师组织的各种有趣的活动所吸引。对于新增设的午餐活动，孩子们感觉也很新奇，因为在家中他们是很少有机会自已动手进餐的，而在这里他们终于能尝试自己摆弄餐具并饶有兴趣地吃饭了。

C. 第三阶段（第三周）

婴幼儿个体需要出现明显的差异，情绪变化现象减少，这是心理压力消失的良好状态，这一阶段是体现个体差异的心理稳定期，孩子与新环境同化，实现了个体发展的质的进步。

在前两周的基础上，孩子们较顺利地摆脱了心理危机，逐步适应了幼儿园的新环境，基本熟悉了教室、老师和集体，有的幼儿能愉快来园，并主动与老师问好；有的幼儿会劝说同伴不要哭泣；还有的幼儿愿意独立参加简单的生活活动。根据这些情况，我们提出了进一步的要求，由半日适应活动延长为一日适应活动，增加了午睡这一环节。在园内午睡对幼儿来说有一定的困难，没有亲人的陪伴，没有熟悉的睡眠环境，具有一定的挑战性。然而，由于最初对集体午睡的新鲜感和一上午活动带来的疲倦，我们惊喜地发现，孩子们较轻松地渡过了这一难关。

随着三周有计划、有步骤的适应活动的有序开展，使他们感到安全和有序，激发起了他们对集体生活的向往；循序渐进的环节增加、时间延长，让幼儿逐步了解并适应了他们即将独自面对的集体生活。与对照班幼儿每日哭闹、无序的现象形成鲜明的对比。

（4）活动形式

①充满亲情的亲子活动

亲子游戏的整个过程能够给孩子和家长都带来乐趣，提高孩子的智力、敏锐的感觉、健全的心理，以及认知、思维、与人交往的能力，是他们成长的营养剂。亲子游戏可以丰富孩子的心灵。我们在适应活动的第一周安排了生动有趣的亲子活动：会唱歌的瓶子、会飞的气球、小脚踩大脚……孩子们在成人的帮助下积极地参与各种活动。不经意间我们发现许多孩子的潜在能力还是很强的，他们会自己选择彩纸的颜色；会自己尝试用小勺将豆豆盛进瓶子里；有的家长担心孩子把豆洒了一地，所以急着要帮忙，却遭到孩子强烈的拒绝。当他们看见自己做的“气球”飞上天，自己带来的瓶子会唱歌时，他们雀跃、欢呼！在家人的陪伴下，孩子们在集体游戏体会到成功的快乐，游戏的快乐；逐渐熟悉了幼儿园的老师、同伴，建立起了最初的安全性依恋和自信，开始喜欢上幼儿园，喜欢参加集体活动。同时家长在游戏中也体会到亲子交流的幸福，对于家长来说，每一次的亲子活动都是一次生动的“育儿”讲座，通过亲子活动他们发现了自己孩子的潜能，从而在今后的生活中建立正确的育儿观，同时他们也对幼儿园的学习生活有了初步的了解，为今后更好做好家园互动奠定了良好的基础。

②生动有趣的情境活动

《上海市学前教育纲要》中指出：学前教育机构根据儿童自身发展需要和社会需要，使其获得全面、和谐、充分的发展。儿童的发展是在适宜的环境中，以主动、积极、内涵丰富的活动为基础，教师必须根据儿童的兴趣和发展特点实施教育。

上海市《0～3岁婴幼儿教养方案》为我们明确提出了教养理念：“亲爱儿童、满足需求；以养为主、教养融合；关注发育、顺应发展；因人而异、开启潜能”。每天我们都变化不同的方式吸引孩子，小猫来问好、小狗送拥抱、娃娃送香吻……真正地从“走近”孩子到“走进”孩子。通过了解，我们发现孩子近日迷恋上了儿童电视剧《天线宝宝》，片中太阳宝宝灿烂的笑脸、无邪的笑声常常会逗得他们开怀大笑；四个色彩鲜艳的天线宝宝、憨态可掬的模样、通俗易懂的对白，也成了他们关注的对象。我们在学习活动中“变”出了天线宝宝——迪西，他的出现牢牢锁住了孩子们的视线，他们跟着天线宝宝一起高兴的唱唱跳跳。托班幼儿的情感情绪具有易感染性，他们无论是在情境活动中还是在日常生活中，都非常容易受某些情绪特征的影响，产生频繁的情感共鸣和情感转移，这正是儿童自我中心的认识方式所导致的无意识的情感弥散，这正是“物我交融”的审美情感。我们从孩子的兴趣出发，还创设了“打死大灰狼”、“送小动物回家”、“种花”等情境游戏，孩子们积极的投入，完全忘了这是一个陌生的环境，无拘无束的和老师、同伴、整个活动融为一体。

③热闹有序的说话活动

每天来园游戏结束之后，我们让孩子围坐一圈，进行集中的师生互动的点名活动。我们的点名活动不同于传统的没有趣味的点名活动，而是一个温馨、亲切的谈话活动。老师轻轻地呼唤每个孩子的昵称“东东来了吗？”“点点在哪儿呢？”“今天是谁送你来幼儿园的呀?”……老师甜甜的声音吸引着每一个孩子安静的围坐在老师身边，他们由最初的对自己的名字产生反应，到愿意在集体面前大胆说说：“我来了。”“我在这里。”“是爸爸送我来的!”……逐步与同伴熟悉，与集体融为一体，继而在以后的几天里，他们能“找找好朋友”，指认同伴，向同伴问好。看看、听听、讲讲、玩玩，热闹而有序的点名活动是又一个增进师生之间情感的亮点。

④富有野趣的户外活动

2～3 岁的宝宝特别好动，这时起正是他们动作发展的最佳时期，开展各种富有野趣的活动，不仅锻炼了身体，也从中增进了与同伴的友谊，给孩子和同伴都带来了乐趣，让孩子在游戏中体会到创造和成功的快乐，体会到集体活动的欢愉。

球是幼儿最喜欢的玩具，特别是五颜六色、大大小小不同的球，都是孩子的最爱。2～3 岁的孩子对玩球已经有了初步的经验，我们利用场地，预设了悬挂的圈、球、山洞等情景，吸引幼儿自由的拍球、滚球、抛球，满足了孩子的兴趣，同时体验了幼儿园活动的快乐。轮胎、可乐罐、纸箱盒、小池塘、小山等都成为孩子和老师、同伴亲近自然、纵情愉悦的器械。

4. 研究效果—缓解幼儿分离焦虑的效果比较

(1) 三周前、后对照班幼儿分离焦虑缓解情况比较

表 2　三周前、后对照班幼儿分离焦虑缓解情况比较 (%)

	来园游戏		运动		进餐		午睡	
	情绪不稳定	情绪稳定	情绪不稳定	情绪稳定	情绪不稳定	情绪稳定	情绪不稳定	情绪稳定
三周前	76	24	56	44	64	36	72	28
三周后	48	52	40	60	60	40	60	40
差异显著性	$\chi^2=3.11$ $P>0.05$ 无显著性差异		$\chi^2=0.61$ $P>0.05$ 无显著性差异		$\chi^2=0.04$ $P>0.05$ 无显著性差异		$\chi^2=0.40$ $P>0.05$ 无显著性差异	

注：对照班老师采用的是传统教育活动。

传统教育活动是指教师自 9 月 1 日起按传统、惯用的教育方法开展正常教育活动，没有缓解婴幼儿分离焦虑的行为。

从表 2 可见，没有经过适应活动的对照班幼儿三周后在情绪、行为表现与开学时并无明显差异。大部分幼儿的分离焦虑现象并没有得到有效的缓解。

（2）三周前、后实验班幼儿分离焦虑情况比较

表 3　三周前、后实验班幼儿分离焦虑缓解情况比较（%）

	来园游戏		运动		进餐		午睡	
	情绪不稳定	情绪稳定	情绪不稳定	情绪稳定	情绪不稳定	情绪稳定	情绪不稳定	情绪稳定
三周前	80	20	64	36	60	15	68	32
三周后	8	92	4	96	12	88	12	88
差异显著性	$\chi^2=13.14$ $P<0.01$ 有极其显著性差异		$\chi^2=8.04$ $P<0.01$ 有极其显著性差异		$\chi^2=6.25$ $P<0.01$ 有极其显著性差异		$\chi^2=8.16$ $P<0.01$ 有极其显著性差异	

从表 3 可见，三周后实验班幼儿在来园、运动、进餐、午睡这几方面情绪不稳定的幼儿比率明显下降。可见，经过三周有计划、有步骤、循序渐进的适应活动，婴幼儿的情绪、行为表现与开学时有着极其显著的差异。循序渐进的适应性活动能帮助婴幼儿在较短的时间内顺利适应新的环境和集体生活，有助于缓解婴幼儿的分离焦虑。

（3）三周后实验班、对照班幼儿分离焦虑效果比较

表 4　三周后实验班、对照班幼儿分离焦虑效果比较（%）

	来园游戏		运动		进餐		午睡	
	情绪不稳定	情绪稳定	情绪不稳定	情绪稳定	情绪不稳定	情绪稳定	情绪不稳定	情绪稳定
实验班	8	92	4	96	12	88	12	88
对照班	48	52	40	60	60	40	60	40
差异显著性	$\chi^2=4.96$ $P<0.05$ 有显著性差异		$\chi^2=4.72$ $P<0.05$ 有显著性差异		$\chi^2=6.25$ $P<0.05$ 有显著性差异		$\chi^2=6.25$ $P<0.05$ 有显著性差异	

从表4可见，三周后实验班和对照班幼儿在来园、运动、进餐、午睡各方面的分离焦虑缓解情况有着显著性差异。可见，实验班幼儿经过行之有效的入托适应活动，分离焦虑的现象明显得到缓解，抑制和淡化了婴幼儿的不安情绪，更快地适应了幼儿园生活。

5. 分析与讨论

（1）家园同步，形成教育合力，有利于缓解分离焦虑

合作是双方的，如果双方有着共同的利益和目标，那么他们就有可能进行合作，家长对幼儿的教育与学前教师对幼儿的教育比较而言，虽然在教育场所、教育内容、教育途径、教育形式等方面存在着较大的差异，但他们的教育目标却完全一致，即都是为了促进幼儿的和谐发展，尽快适应幼儿园的集体生活，所以拥有相同目标的家长和教师当然能够走到一起，并肩携手，合作施教。

在宝宝刚刚入园时，由于他们对环境很陌生，很多宝宝每天哭闹。当家长把宝宝依依不舍的交给我们的时候，他们更多的是对宝宝哭闹的担心和对老师的期盼，有几名家长还在角落里悄悄流下了眼泪。面对这样的家长，作为教师我们更应该对他们多一份理解，多渠道进行沟通，倾听家长的意见与建议，消除家长的疑虑，让每一个家长都放心地把宝宝交给我们。

①家访——得到家长的共鸣

在孩子入园前，我们进行了必不可少的家访工作。在第一次家访中，我们向家长介绍了幼儿园即将进行的新生入托适应活动的设想。作为家长，最担心的也就是孩子入园适应性的这一关，幼儿已经适应了家庭那种比较宽松、自由的环境，进入幼儿园后面对陌生的环境和教师，以及对幼儿园的一套常规，孩子往往表现出无所适从，最常见的就是哭闹好一阵子，让家长听了心痛而不舍得。如何让孩子顺利的渡过入园这一关正是家长急需得到幼儿园老师帮助的问题。面对我们科学的可行的设想和计划，家长无不产生共鸣。在此基础上，我们继续向家长介绍我们的具体实施方案。让家长意会在每一个环节家长所要做好的准备工作。如在第一周中，家长要陪伴孩子一起来园，陪伴孩子参加各种活动。在前半周，可以多陪陪孩子，帮助孩子认识自己

的标签，认识自己的同伴。而在后半周，家长要尽可能的鼓励孩子自己独立地参加活动，尝试与同伴一起游戏，家长只是较多的旁观，在关键的时候给孩子一种安全感。有了家长的全力支持与配合，为我们即将开展的活动奠定了良好的基础和成功的可能性。同时，我们也利用第一次家访来建立亲密的关系和交流信息，询问孩子的个性、喜好、身体状况以及成人对孩子的期望。从中了解每一个家庭的幼儿情况和家庭教育情况。

②讲座——指导家长共育

对于刚入园的新生家长，大家所共同关注的就是“如何解决幼儿的分离焦虑?”我们在开学前通过有目的、有计划、有针对性的举办家长会、专题讲座，向家长宣传——正确的对待孩子的分离焦虑。向家长介绍 2～3 岁儿童生理、心理发展的规律和特点，懂得孩子的身心尚未随着环境的变化完全转变，由此产生了矛盾并形成分离焦虑，它是婴幼儿和抚育者之间产生分离时所表现出来的一种不安情绪和行为。早期的分离焦虑如得不到缓解，会降低孩子智力活动的效果，甚至会影响其将来的创造力以及对社会的适应能力。因此，作为我们教师和家长要全力合作，努力帮助孩子尽快达成情感转移，减缓分离焦虑，适应幼儿园的集体生活。为此，我们建议家长做好婴幼儿入托前、后的心理准备工作，如自己吃饭、自己午睡、会主动向成人提出要求，还包括向孩子多讲讲幼儿园的开心的事情，幼儿园的生活，鼓励孩子长大了，要成为一个幼儿园的小朋友了……使孩子在入园前就初步了解他即将开始的生活，激发他们对幼儿园生活的向往。相信这些心理将对幼儿的情感转移，对适应环境和他人起着潜移默化的作用。

与此同时，我们还建议家长阅读书刊，给家长发送电子邮件等形式，向家长系统地宣传幼儿教育科学知识，让家长了解幼儿园教育、保育工作的有效形式，介绍本学期的教育任务和内容，与家长共同探讨保育、教育工作中带有普遍性的问题。指导家长树立正确的家教观念——亲子观、儿童观，科学育儿。

③参与——动手动脑的亲子活动

亲子活动是父母和教师可以进行合作和提供双边帮助的重要环

境。在适应活动中最为关键的一个环节就是亲子活动了。在我们精心安排的亲子活动中，父母们全身心地陪伴着孩子们参加各种做做玩玩的游戏。在游戏的过程中，老师向家长展示着老师育儿的魅力，儿童化的优美的语言牢牢地吸引着每一个孩子，给家长是一种启示——对待孩子的教育需要成人的爱心、耐心和童心。同时教师又在游戏中对家长进行针对性的指导。如在生活活动中，老师演示小动物会自己倒牛奶喝。老师的演示对孩子的触动可大了，不用成人的多言，他们急于进行模仿，要像小动物一样自己倒牛奶喝，（要知道这个工作在家中是绝对轮不到孩子来做的。）老师在每张桌子上都摆放了抹布。没想到这时可急坏了家长，有的家长忙不迭的上去帮忙拿住水壶，有的家长帮助擦桌子……此时，老师阻止了家长的行为，孩子总有一个尝试的过程，成人总是包办太多，孩子的能力就总也得不到提高。孩子在经常的实践操作和观察同伴的过程中，自然而然能够获得经验——如何才能又快又稳的倒牛奶。果然，没几天，我们发现大部分的孩子都已经能够尝试自己独立的倒牛奶了，能干的孩子还会试着自己用抹布擦桌子。在这天，家长由衷地发出了感叹：适应性活动的确有道理！孩子真的有无尽的潜力可挖！

通过参与亲子活动，父母不仅可以了解到幼儿园一日活动的各个环节安排，帮助孩子保持稳定的情绪状态，缓解分离焦虑，同时家长也能了解一些幼儿园的行为要求，从而能在家中对孩子进行有的放矢的培养和练习。同时家长在游戏中也体会到亲子交流的幸福，对于家长来说，每一次的亲子活动都是一次生动的“育儿”讲座，通过亲子活动他们发现了自己孩子的潜能，从而在今后的生活中建立正确的育儿观。

除此以外，在亲子活动以后的两周里，我们在活动中用照相机、摄像机悄悄记录了每一个宝宝在游戏、进餐、午睡等生活中的小细节，制作了“爸爸妈妈放心吧，我在幼儿园很快乐”的展板，以孩子的语言向家长介绍了宝宝在幼儿园的活动，并请宝宝通过照片讲述给自己的爸爸妈妈。家长们了解到了宝宝在幼儿园的活动很丰富，家长高兴的同时也看到了孩子的进步，更多的家长消除了顾虑，也对我们的工作更增加了一份信任与肯定。

通过多种家园互动的形式，家长们更加了解到了幼儿园的教育活动，孩子们在良好的家园环境中得到了和谐、主动的发展。

（2）循序渐进的适应活动

幼儿年龄小，身体机能的发育尚不完善，特别是大脑神经系统的发育不完善，使他们对周围环境的认识能力、适应能力都比较差。幼儿园和家庭是两种不同的环境，幼儿已经适应了家庭那种比较宽松、自由的环境，进入幼儿园后面对陌生的环境和教师，以及对幼儿园的一套常规，孩子往往表现出无所适从。可见，创设适应婴幼儿心理、生理特点的物质环境，构建满足婴幼儿成长需要的心理氛围的精神环境，为幼儿安排适宜的、循序渐进的适应活动是帮助孩子在较短时间内适应新环境的需要。

为了让婴幼儿更快更好地适应幼儿园的群体生活（游戏、运动、进餐、午睡），在每个环节转化的过程中，教师不急不催，让婴幼儿保持比较稳定的情绪状态，减少紧张的情绪压力，我们将入托适应性活动分为循序渐进的三个阶段。

针对“分离难”这一现象，在第一周的适应活动中，我们设计了每天两小时的融做、玩、唱、跳于一体的亲子活动。在活动中，孩子们在亲人的陪伴下，愉悦的参加各项活动，熟悉幼儿园、老师、同伴——一个全新的环境。有了亲人的全程陪同，给了孩子绝对的安全感。童趣的环境、新颖的玩具完全吸引了孩子，他们愿意尝试在集体中盥洗、吃点心，完成一些简单的生活活动，甚至愿意尝试离开父母，与老师、同伴一起游戏。

经过第一周的适应活动，使孩子们对幼儿园的环境、老师和同伴有了初步的认识。在此基础上，我们对适应活动进行了调整，第二周在维持半日活动的基础上，不需要家长陪伴，并增加了适应活动的新环节——午餐。我们发现，大部分的孩子愿意在老师的帮助和鼓励下，尝试自己盥洗、吃点心，并愿意与老师一起游戏。尽管时不时地会想念亲人，但不多会儿就能被老师组织的各种有趣的活动所吸引。对于新增设的午餐活动，孩子们感觉也很新奇，因为在家中他们是很少有机会自己动手进餐的，而在这里他们终于能尝试自己摆弄餐具并饶有兴趣地吃饭了。

在前两周的基础上，孩子们较顺利地摆脱了心理危机，逐步适应了幼儿园的新环境，基本熟悉了教室、老师和集体，有的幼儿能愉快来园，并主动与老师问好；有的幼儿会劝说同伴不要哭泣；还有的幼儿愿意独立参加简单的生活活动。根据这些情况，我们提出了进一步的要求，由半日适应活动延长为一日适应活动，增加了午睡这一环节。在园内午睡对幼儿来说有一定的困难，没有亲人的陪伴，没有熟悉的睡眠环境，具有一定的挑战性。然而，由于最初对集体午睡的新鲜感和一上午活动带来的疲倦，我们惊喜的发现，孩子们较轻松地渡过了这一难关。

随着三周有计划、有步骤的适应活动的有序开展，使他们感到安全和有序，激发起了他们对集体生活的向往；循序渐进的环节增加、时间延长，让幼儿逐步了解并适应了他们即将独自面对的集体生活。与对照班幼儿每日哭闹、无序的现象形成鲜明的对比。孩子们的分离焦虑得到有效地缓解。

6. 进一步研究的思考

(1) 由于适应性活动需要家长的陪同、参与，而幼儿园设有中、大班，开学后的整体工作相当繁忙，考虑到安全和整个幼儿园正常教学工作的有序开展，我们建议将三周适应性活动安排在开学前进行。这样既不影响其他年龄幼儿的正常活动，也能使适应性活动能顺利的进行。

(2) 孩子心理健康是幼儿身心发展不可忽视的一部分，分离焦虑也不是一朝一夕能够解决的。通过三周的适应性活动，孩子的分离焦虑得到了最初的缓解，然而幼儿具有强烈的反复性，因此我们应该不断的关注孩子的情绪反映，适时适宜的给予帮助，促进幼儿身心健康和谐的发展。

参考文献：

[1] 郭宗利．2～3 岁婴幼儿入园初环境创设的思考与策略．上海

市3岁前婴幼儿教养工作研讨会论文汇编．内部资料，1999.

[2] 长宁区实验幼儿园．婴幼儿环境创设与材料提供．上海市3岁前婴幼儿教养工作研讨会论文汇编．内部资料，1999.

第二节　学前教育科研成果的推广与应用

阅读完本节，希望您能够明晰：

☞ 将课题研究成果用多种形式进行推广。

☞ 能结合自己的实践，应用他人的研究成果。

推广是指将科研成果扩大使用面，发挥更大更好的效益；应用是指科研成果进入教育教学使用环节，产生社会经济效益。科研成果推广与应用是把教育研究和教育教学的实践活动相衔接，使教育科学研究成果转化为社会生产力的过程，也是使教育科学产生的财富服务于社会，造福于人类的必要途径。

学前教育科研成果推广与应用，从广义上讲，包括对学前教育研究成果进行传播、学习在内的一切活动。从学前教育科研成果推广的实际出发，一般界定为：将学前教育科研成果的内容进行传播，并在一定范围内应用，使之转化为教育效益的过程。

一、学前教育科研成果推广与应用的条件与要求

（一）条件

作为社会科学研究成果中的学前教育科研成果，一般来说，并不是所有的科研成果都具有被推广的现实可能性，也不是所有的科研成果都采用同一推广方式。学前教育科研成果的多样性、成果推广对象的复杂性及推广方法的多变性必然造成某些成果在推广和应用中会受到众多主客观条件的限制。因此，在进行学前教育科研成果推广时，应注意以下两个条件：

1. 成果的成熟性

成熟性是指学前教育科研成果经教育实践或逻辑上的反复论证与

验证，结论可靠，研究方法合理，数据完整，具有良好的重复性和再现性。对于可操作的研究成果来说，其成熟性还表现在操作的系统化和简约化。

【案例】 上海市南西幼儿园围绕幼儿游戏，自1998年至今一直在开展研究，形成了游戏课程等，是被反复论证与验证，具有良好的重复性和再现性，而且游戏课程便于教师操作，是具有简约化功能的研究。

2. 成果的实用性和可行性

学前教育科研成果推广的最终执行者是广大教师，因此对成果的普遍适用性要求更高，成果的实用性和可行性也就成了应用与推广学前教育科研成果必然的客观要求。

对学前教育科研成果而言，考察其实用性主要是看成果的采用是否能对学前教育、教学质量的提高、师资队伍的建设、学前教育改革与发展等起到明显的促进作用，产生良好的社会效益。可行性则是指在现行的主客观条件下加工实施是可行的，而且在理论上是简捷明确的，实际操作上又是相对简便易学的。

【案例】 上海市黄浦区山东中路幼儿园承担的上海市市级课题“幼儿学习区操作研究”，他们很注重实用性，在研究过程中不断引进与幼儿学习区相匹配的活动材料，还自制了许多活动材料，有的材料通过玩具公司开发并投入生产。在几年的研究中，课题组把幼儿学习区活动整理成册，出版了《幼儿学习区宝典》，系统介绍幼儿学习区活动目标、内容、方法及其材料制作和活动设计等。这样使得成果的推广具有实用性和可行性。

（二）要求

在成果推广开始时，在完成了对成果的内化过程中，对于接受成果的广大幼儿教师来说，是如何操作的问题。如果被推广是一项容易操作的成果，那么会较顺利地得到推广；反之，可能只是停留在“纸上谈兵”阶段。很显然，成果的转化是成功推广的关键。

1. 把优秀成果转化为可操作产品

要让优秀的成果真正得以推广，对教育改革产生直接的效益，转化成果是关键，而且要把成果转化成可操作的产品。

【案例】 上海市音乐幼儿园承担“幼儿音乐兴趣培养的研究”，是一项上海市市级课题。在研究后期形成成果的过程中，课题组成员就研究的成果进行分类整理，相继形成了幼儿歌曲 CD、幼儿音乐教学录像带等成果。在多年的成果推广中，这些可操作的成果发挥了很大的作用。

一旦把优秀成果转化为可操作的产品，其推广的范围就大大扩大了。幼儿园教师很注重操作，这类操作材料能帮助他们在操作实践中认识、理解成果，也能促进成果的发展和创新。

2. 把优秀成果转化为课程

把优秀的学前教育科研成果转化为课程是科研成果推广的一种很好的方式。一般比较大的研究项目，成果涉及面较宽，除了产品外，还可开设理论与实践结合的课程。

(1) 把成果转化为幼儿园园本课程

幼儿园课题研究是为了解决幼儿园发展中的问题而提出的，其科研成果必定是结合幼儿园实践、对形成幼儿园特色有促进作用的，因此在取得科研成果的基础上，可将科研成果转化为园本课程，使科研成果固化下来，这对科研成果的推广是非常有效的。

【案例】 2008 年 5 月，全国教育科学规划课题“设计教学园本课程的构建与实践”举行了隆重的结题仪式，课题成果获得国家规划课题办、市和区领导、专家的肯定和鼓励。当课题组沉浸在收获的喜悦时，课题组组长并没有将课题研究画上句号，而是坚持将优质课程资源共享的推广理念，加强团队的合作共享，使设计教学课程真正成为幼儿、教师和幼儿园发展的有效载体。其主要做法是：有序推进，构建课程推广共同体：在六一幼儿园研究的基础上，2008 年组建课程推广小组，课程推广园有 8 所，课题组在积累推广经验的基础上，逐步增加课程实施幼儿园；2009 年推广幼儿园向郊区辐射，又有 7 所幼儿园加入；2010 年推广幼儿园向二级幼儿园、新开办幼儿园辐射，又有 3 所幼儿园加入。从 2008 年至 2010 年 3 年间，逐步增加课程实施幼儿园，共有 20 所幼儿园推广实施设计教学课程，实现了优质教育资源的共享（见图 4-1）。

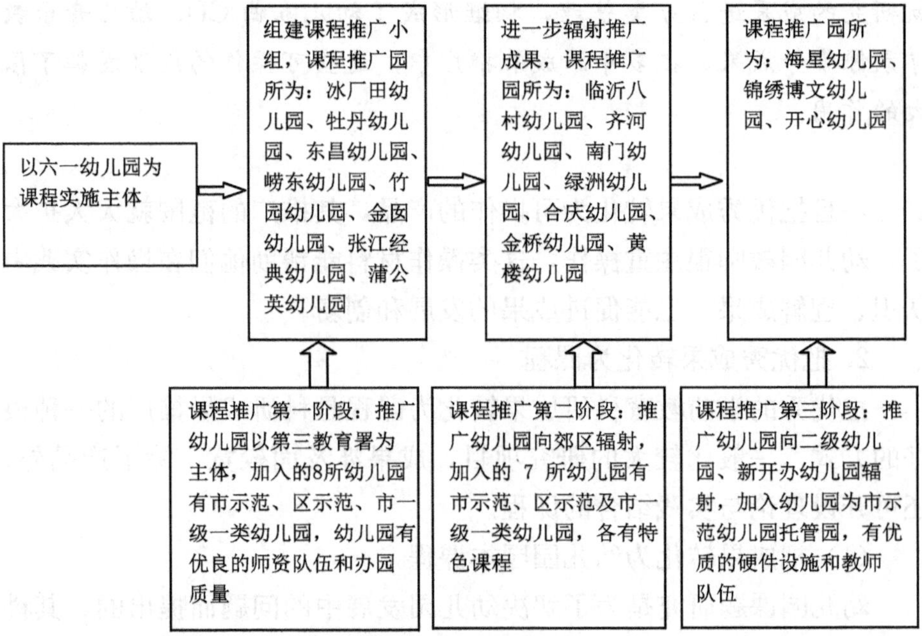

图 4-1　课程推广进程图

推广园一起开发课程、发展课程、完善课程。在设计教学园本课程的思想上力求统一，在课程的实施内容、操作方法上鼓励百花齐放、百家争鸣、不断创新。推广园根据自己园的特色、基础等，丰富、完善设计教学园本课程，使设计教学园本课程不断赋予新的生命。

（2）把成果转化为教师培训教材

如果教师培训教材来源于教育科研成果，则会更有科学性、也更具系统性，受益面也可更广。上海市教科院普教所黄娟娟主持的“优秀幼儿教师教育行为研究”，曾将研究成果转化为上海市教委幼儿园教师培训课程，使研究成果在全市更大范围得到推广与应用，受益的幼儿教师面更广。

二、学前教育科研成果推广的具体形式

学前教育科研成果涉及面多、范围广、内容复杂、形式多样，所以不同的学前教育科研成果推广的具体形式是不一样的。根据推广的对象主要分为直接推广和间接推广两种形式。

1. 直接推广

由教育行政部门、各专业推广组织和学校、广大教师主办或倡议，有目的地组织被推广的成果和推广的对象，采取大小型会议形式直接交流和传播推广成果或以主管部门正式行文批转成果推广报告等方式，要求所属各级单位、组织或学校、教师参照执行。这种形式称为直接推广。直接推广包括：

（1）先进学前教育科研成果推广交流会

由各级教育行政、研究部门主持召开学前教育科研成果交流推广会议，向与会代表推广先进成果，直接传播推广信息，肯定成果推广的意义与作用，并提出实施的具体操作和要求。

【案例】 上海市每隔三年，都会进行一次全市教育系统的教育科研成果评奖活动，有一大批幼儿园科研成果获得上海市教育科研成果奖一、二、三等奖，其研究成果反映教改的主流及课程改革的变化，广大幼儿园教师需要交流这方面的改革信息，希望获取成功的研究经验。上海市教科院普教所组织的市级推广活动是展示全市学前科研水平的平台，“2009年上海市学前教育科研成果推介与论坛”在各获奖幼儿园分会场隆重举行，全国幼儿园教师通过选择科研成果菜单，来到各个成果推广的幼儿园。凡推广的幼儿园作好展示活动的一切准备，有成果展示、教学活动交流、论文介绍、专家点评、提问答疑等相关活动，全面展示课题研究成果。可见，通过市级推广这一平

台，可以使更多的优秀科研成果在市级推广活动中得以交流，使研究成果在全市范围内得到推广和应用。

（2）先进学前教育科研成果推广专题讨论会

由各级教育学术团体主持，举办学术年会或专题成果讨论会，召集推广对象代表参加，选择优秀教育教学成果推广总结报告，进行群众性的评价，要求与会代表宣传、推广。

【案例】 上海教育学会幼儿教育专业委员会每两年召开上海市学前教育年会，每届年会都有几百项科研成果参加交流、研讨，每届年会都有 3000 多名幼儿园教师来参会观摩、交流、学习，其推广面、得益面都是非常广的。

也可由开展课题研究的幼儿园承办并得到相关教育行政、研究机构或学术团体支持的专题研讨会，通过研讨会既辐射本园的研究成果，同时在研讨会中获得他园研究与实践的先进经验，以进一步推进本园的研究与实践。

【案例】 上海市普陀区童的梦艺术幼儿园自 1998 年就开展的“幼儿园混龄教育的研究”，相继有三个市级课题，并有二项成果分别获得上海市教育科研成果二、三等奖，出版了《环境创设》《你问我答》等四本丛书，2010 年，在上海市教科院普教所、普陀区教育局支持下，召开了“全国混龄教育研讨会”，全国有多项成果交流、研讨，有多位代表参会，既将自己的研究成果进行了交流、分享，也学习到了姐妹园很好的做法，促进教师们思考混龄教育新一轮的发展。

（3）先进学前教育科研成果教育教学推广与演示活动

通过举办骨干学习班，开设理论和实践讲座、观摩教学或实地考察，了解和掌握研究成果的基本内容和方法，为各幼儿园培养一批推广、应用成果的骨干和积极分子。

【案例】 “在积极有效的师幼互动中促进教师教育行为变化的研究”教育部“十一五”重点课题结题后，出版了《成为会沟通的教师》系列丛书共11本。为帮助教师们更好地学习、应用研究成果，组织了相应的教育教学推广与演示活动，有讲座（介绍如何进行积极有效的师幼互动）、观摩现场教学活动等，让教师们学习并在实践中应用积极有效的师幼互动。

（4）开展先进学前教育科研成果传、帮、带推广活动

由本园的骨干、积极分子开办培训班，直接传授给广大教师，通过传授、帮助、带动全体教师积极主动地推广科研成果，提高教育教学质量。这是一种最直接、简便化、经常化的推广形式，适用于基层幼儿园推广组织。

【案例】 上海市徐汇区科技幼儿园“运用‘典型活动’引领幼儿教师专业发展的研究”，就是将本园教师多年来经过多次教育实践、教师个人教学反思、教研组集体反思后进行验证筛选的、具有推广价值的小、中、大班系列典型的、优秀的教育活动，作为一个个活动案例，成为引发教师之间在课程实施等教学活动上进行专业对话、沟通、协调和合作的载体。将“典型活动”作为一种有效的、适宜的幼儿教师培训方式，有效地引领教师专业成长。

2. 间接推广

将学前教育科研成果推广计划、操作步骤写成书面材料或录制成磁带、电视录像片，或输入计算机网络管理信息系统，由教育行政管理部门、专业推广组织、基层各组织向教育报刊、出版社、广播电视台等推荐，广泛宣传，形成综合效应，扩大推广面，实现成果推广的目标。这种形式称为间接推广。它具体包括：

（1）通过专著、论文、成果汇编、照片、计算机网络管理系统等进行文字、符号型推广

这类推广方式的优点是便于保存，存储容量大，且具有快捷、简

便、不受时空限制等优点，这有利于应用者学习和借鉴。因此，这种推广形式在学前教育科研中具有巨大的发展潜力。

【案例】 上海市普陀区童的梦艺术幼儿园坚持十年开展幼儿混龄教育的研究，将研究成果出版了系列丛书，包括《环境创设》《你问我答》等四本，既有论文、也有活泼的问答形式、还有照片说明等，生动形象，可读性强，便于姐妹园学习、借鉴。

（2）录音磁带、录像收听、收看

这类推广方式的优点是形象逼真，利用现代先进教育技术手段，通过组织广大教师收听、收看（观摩）先进教育科研成果录音磁带、录像推广片，结合教师自己的教学实际进行研讨，吸收、内化为自己的教育教学经验。

三、学前教育科研成果推广的过程

作为一项优秀的学前教育科研成果，推广过程必须强调计划性和步骤性。在推广科研成果前，先做科研成果推广计划或推广方案。有计划的推广是保证课题研究成果推广成功的前提。成果推广计划包括建立成果推广组织、制定推广目标、确定推广内容、选择推广试点、培训推广师资、组织推广操作、推广总结。

一般学前教育科研成果推广研究分为三个阶段：推广准备、推广运作和推广总结。

1. 推广准备

准备是推广的前奏曲，只有作好充分的准备，才能进行有效的推广。推广准备包括：

（1）建立成果推广的相关组织

大的范围建立总课题组，小的范围建立幼儿园领导和教师上下自愿参与的成果推广小组。

【案例】 “《幼儿早期阅读教育》成果推广研究”一是深入基层

调查，了解幼儿园领导和教师对该成果的认识；二是设计意见征求表，在基层单位中招募成果推广的“志愿军”。通过调查和招募，建立了一支上下自愿组合的成果推广队伍。

这支成果推广队伍，包括教育科研室和基层幼儿园两个方面，分为总课题组和分课题组。总课题组由区教育科研人员和各基层幼儿园领导组成，主要承担管理、协调、指导、帮助的工作；分课题组由各基层幼儿园的领导和教师组成，主要承担组织协调、操作实施的工作。

(2) 学习消化有关的资料

理解要推广成果的意义、了解基本经验，学习和领会与成果相关的理论。

(3) 制订成果推广计划

任何成果推广本身就是一项课题研究，因此需要制订周密的推广计划，大的推广项目可把推广计划分为两个层面，一为总课题组推广计划，二为分课题组推广计划。一般市、区、园的不同层面的计划有不同的要求。市、区级（属总课题组）推广的计划是统领的要求，幼儿园（属分课题组）的推广计划的制订要做到具体、细致、操作性强，便于教师掌握和应用。主要内容有：依据推广课题的什么经验，解决什么问题；解决问题的假设、方法、步骤；解决问题中有什么新的发现、新的创意、新的思考；参加推广人员的分工等。

2. 推广运作

推广一般要经过“传播——感知——接受——内化——应用——产生效益”等几个环节。学前教育科研成果推广的运作过程，是由成果传播和成果认知应用两个相互衔接的过程组合而成，第一是成果的传播。即推广者将学前教育科研成果通过各种载体和媒体向他人宣传，使其产生一定的影响，一般借助媒体传播的有：成果报告会、信息发布会、现场观摩会、成果展示会、办班培训、专题研讨、课程化形式以及个别咨询形式和电视、广播、录像、书刊等。成果传播的广度和深度同样影响到成果推广的效果。第二是成果的认知和应用过程。即由接受者在感知成果的条件下，将成果加工转化后加以应用。

3. 推广总结

一是课题组总结报告，包括推广目的、推广过程、推广效果、推广思考等，是成果推广的全面反映。二是不同层面的推广总结，包括教学实录、案例、专题总结，具体反映了推广过程中的认识、实践、反思以及各方面的信息资料，能为成果推广研究提供事实佐证和理性支持。推广应用报告一般由推广应用的教育科研成果介绍、成果推广应用的概况、成果推广应用的过程与做法、成果推广应用的效果与成果推广中的发展和创新五部分组成。

四、学前教育成果推广与应用中的注意事项

目前，学前教育界在课题研究申请方面比较活跃，但在成果推广方面比较滞后。即使推广成果，存在的问题也不少，如推广的目标不清，界线模糊。常常出现这样的情况，似乎什么都在应用，又似乎什么都没有应用，重点不突出。又如推广的计划性不强，做到哪里是哪里，下一步该做什么，一般都讲不清，还有的把成果推广理解为简单的模仿和照搬，一启动就急着向推广者索取具体做法，缺乏主体意识。其实这是资源的浪费。学习推广他人研究的成果，既要汲取成果的经验，又能在较短时间取得效果，同时，如果能创造性的推广，还能发展课题成果的内涵，总结出新的成果，这在科研活动中是应该积极推崇的，为了使我们在推广科研成果中有收获，提出以下的注意事项。

1. 注重整体性推广

我们发现，在一些幼儿园推广成果的过程中，缺乏整体性，传播不完整，落实不具体，有太多的随意性。整体性是保证课题推广成功的前提，大家一起研究、一起操作、一起反思、一起创造，从领导到教师，协同合作，以确保成果推广的成功。

2. 注重灵活性推广

成果推广不是机械的操作，它是可以变化的。在实施计划中，根据所在省（自治区、直辖市）、区、县、幼儿园、班的不同实际进行

灵活的调整，这样，课题推广的实用价值更大。但是灵活不是多变，随心所欲，灵活是一种机智、机敏，它在推广中起到润滑的作用。

3. 注重效益性的推广

目前，我们正处在知识经济时代，科研成果走向市场是发展的必然趋势之一。成果推广市场化的过程就是激活推广运行机制的过程，是成果实行优胜劣汰的过程，是成果体现其社会价值和经济价值的过程，总之，是体现成果效益的过程。可将科研成果推广盈余经费再用于科研，这样就提高了研究的持续发展能力，促进更多新成果的问世和转化，取得良好的效益。

思考题

1. 如果自己有一项课题研究成果，将采用哪些形式对课题研究成果进行推广？

2. 结合自己的教育教学实践，请应用一项他人的研究成果。

后 记

为了力求写出来的书具有实践性、操作性，深受一线教师们的喜爱，编写组成员结合自己从事学前教育科研的经验和智慧，结合幼儿园在开展教育科研中容易发生的问题，反复商讨、几易其稿。在这个过程中，中国学前教育研究会事业发展与管理专业委员会副主任何幼华老师提出了总体设想和要求，与编写组成员一起讨论书的框架结构、每一章节中的内容，并最终审读了书稿，提出了宝贵的意见和建议。其间花费了很多的心血和精力，在此表示诚挚的谢意！

黄娟娟提出书的框架结构、章节目录，并与编写人员一起讨论、完善，并最终统稿。编写人员负责撰写的具体内容如下：黄娟娟撰写第一章、第三章第三节、第四章第二节，兰玉荣撰写第二章，浦月娟撰写第三章第一、二、四、五节，朱永撰写第四章第一节。对大家辛勤查阅资料，结合自己的实践智慧撰写出通俗易读的学前教育科研方法书稿，表示由衷地感谢！

最后还要感谢北京师范大学出版社的张丽娟老师，在成稿过程中，从北京奔赴上海与编者就书框架和书稿内容交换意见。

因此，我们撰写的这一书稿是在这支团队中每一位成员的努力下，才得以顺利完成。当然，限于编著者的水平，其中难免有疏漏之处，恳请广大读者不吝赐教。谢谢！

编　者

2011 年 7 月